NICK VUJICIC

es de ascendencia croata y vió la primera luz en
Melbourne, Australia. Nació sin extremidades
pero con un corazón inmenso. Tuvo una
infancia feliz en compañía de su familia hasta
que enfrentó numerosas dificultades en la
escuela y la calle, situación que lo llevó a una
profunda depresión y desencanto existencial
que un día se transformó en fe en Dios, ayuda
a los demás y bondad con el mundo. En la
actualidad es un orador motivacional y director
de Life Without Limbs, una organización para
personas con discapacidad física. En editorial
Aguilar Fontanar publicó los extraordinarios
libros: *Una vida sin límites* y *Un espíritu invencible*.

UN CORAZÓN SIN FRONTERAS

La fe que necesitas para una vida ridículamente positiva

NICK VUJICIC

UN CORAZÓN
SIN FRONTERAS

La fe que necesitas para una vida
ridículamente positiva

AGUILAR

AGUILAR

Título original: *Limitless. Devotions for a ridiculously good life.*

Publicado originalmente por WaterBrook Press, sello de The Crown Publishing de Random House Inc., New York.

D. R. © NICK VUJICIC, 2013

D. R. © 2013

D. R. © De esta edición:
Santillana Ediciones Generales, S. A. de C. V., 2013
Av. Río Mixcoac 274, Col. Acacias
México, 03240, D.F. Teléfono 5420 7530

ISBN: 978-1-62263-240-4

Traducción: Sandra Rodríguez
Adaptación de la cubierta original de Kristopher K. Orr.
Fotografía de cubierta: Mike Heath

Printed in USA by HCI Printing
15 14 13   1 2 3 4 5 6 7 8 9

PRISA EDICIONES

Índice

Introducción

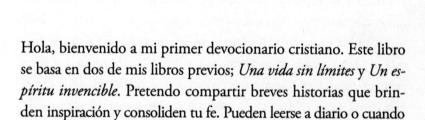

Hola, bienvenido a mi primer devocionario cristiano. Este libro se basa en dos de mis libros previos; *Una vida sin límites* y *Un espíritu invencible*. Pretendo compartir breves historias que brinden inspiración y consoliden tu fe. Pueden leerse a diario o cuando sientas que las necesitas. No existen más reglas que las de Dios.

Quiero hacer un comentario sobre el título, *Un corazón sin fronteras*, pues no se refiere a mis limitaciones ni a las tuyas, sino al amor y al poder de Dios, que son ilimitados. Quizá sepas, por mis cursos, libros y videos, o lo deduzca tras ver fotografías mías, que tengo más limitaciones físicas que la mayoría de las personas.

Nací sin brazos ni piernas. Aunque carecía de extremidades, fui bendecido con una familia que me brinda amor y apoyo; no sólo incluye a mis padres, mi hermano y mi hermana (ambos llegaron al mundo plenamente equipados), sino también a muchos primos, tías y tíos. Y algo todavía mejor: se me regaló la fe cristiana.

Eso no significa que conservara mi fe sin obstáculos, sobre todo cuando llegué a mis difíciles años de adolescente, cuando todos deseamos saber cuál es nuestro lugar en el mundo, al que pertenecemos, y cómo ayudarlo a ser mejor. Rezaba a Dios y le pedía despertar con brazos y piernas. Esas oraciones no tuvieron respuesta. Me enojé y me deprimí. Aparecieron en mí pensamientos suicidas, pero me detuve de golpe: me di cuenta de que mi muerte atormentaría a mis seres amados con culpabilidad y pesar.

Al paso del tiempo, entendí que Dios no me trajo al mundo sin extremidades para castigarme. En lugar de esto, Él tenía un plan para mí, un plan increíble para servirle: inspirar y guiar a otros a llevar vidas dentro de la fe cristiana.

Si Dios elige a alguien como yo, sin extremidades, y me utiliza como Sus manos y pies, puede hacerlo con cualquiera. Eso no se relaciona con habilidades físicas. Lo único que Dios necesita es un corazón dispuesto, sin fronteras.

¿Qué se requiere para vivir con fe en esta tierra y tener después la bendición de la vida eterna en el reino del cielo? Una relación con Jesucristo como tu salvador personal. Donde tú eres débil, Dios es fuerte. Al caminar con fe todos y cada uno de los días, tu vida no tendrá límites.

Puedo creer eso gracias a la fe, que mucho recomiendo, o luego de leer las páginas siguientes, en las que mi vida es testimonio del increíble poder de Dios Nuestro Señor. No soy un hombre discapacitado, al contrario, capacitado. Viajo por el mundo para hacer el trabajo de Dios, alcanzar a creyentes y pecadores, a ricos y pobres. Tengo permiso para entregar mis mensajes de fe, esperanza y amor en naciones donde muchos cristianos temen adentrarse.

Mi vida es demasiado buena y, desde que me casé en 2012, tengo el honor y la alegría de compartirla con una esposa cristiana fuerte, tan hermosa en lo interior como en su aspecto. En mis días de desesperación, uno de mis pensamientos más opresivos era que ninguna mujer podría jamás amar a un hombre sin brazos ni piernas. . . estaba tan equivocado. Mi visión era limitada. Se me olvidó que nuestro Dios es amoroso y sabio en formas que no podemos comprender.

Al igual que yo, quizá tú no puedas ver ni imaginar lo que te tiene preparado. Mi meta con este devocionario es ayudarte a extender tu visión y construir tu fe; compartir lo que Dios ha hecho por mí y por los hombres, mujeres y niños especiales, conocidos en mis viajes alrededor del mundo.

Espero disfrutes las devociones y te beneficies de ellas. Pero, lo más importante, espero que te pongan en el camino correcto de Dios para que seas transformado y confíes en que, a través de Él, todas las cosas son posibles.

1.
Libre de limitaciones

Cuando estuve lleno de amargura,
totalmente consumido por la envidia,
entonces yo era totalmente ignorante;
era como una bestia ante tu presencia.
Sin embargo, yo sigo contigo.
Mas tú me has tomado de la mano.
Con sabiduría y ternura me guiarás,
y luego me bendecirás.
¡Eres todo lo que quiero en el cielo!
¡Eres todo lo que quiero en la tierra!
Salmo 73: 21-25, MSG

Una pregunta que me hacen con frecuencia es: "Nick, ¿cómo puedes ser tan feliz?" Daré una respuesta breve: encontré felicidad cuando me di cuenta de que, aunque imperfecto, soy el Nick Vujicic perfecto. Soy la creación de Dios, de acuerdo con Su plan para mí. Eso no significa que no haya cosas por mejorar. ¡Siempre intento ser mejor para servir a Él y al mundo!

Creo que mi vida no tiene límites. Quiero que tu sientas lo mismo respecto a tu vida, sin importar sus retos. Al iniciar nuestra travesía juntos, por favor concédete un momento y piensa en cualquier limitación que hayas impuesto a tu vida o permitido a otros establecer. Ahora piensa cómo sería estar libre de esas limitaciones. ¿Cómo sería tu vida si *todo* fuera posible?

De modo oficial soy *discapacitado*, pero en realidad estoy *capacitado* gracias a mi falta de extremidades. Mis retos usuales me han abierto asombrosas oportunidades de alcanzar a muchas personas necesitadas. Tú tienes tus propios retos, y también eres imperfecto. ¡Pero eres un TÚ perfecto!

Con demasiada frecuencia nos decimos que no somos lo bastante inteligentes, atractivos o talentosos para alcanzar nuestros sueños. Creemos lo que otros dicen de nosotros o nos imponemos restricciones. Lo peor es considerarnos poco dignos, ¡porque ponemos límites a la forma en que *Dios* puede trabajar mediante nosotros!

Cuando renuncias a tus sueños, pones a Dios en una caja. Después de todo, tú eres Su creación y tienes propósito. Por lo tanto, tu vida no puede limitarse, igual que el amor de Dios no puede ser contenido. ¡Sólo imagínate lo que es posible para ti!

VIDA SIN LÍMITES

Puedo elegir y tú también. Podemos rumiar decepciones y carencias, estar amargados, enojados o tristes. En cambio, al enfrentar tiempos difíciles y personas que lastiman, podemos aprender a partir de la experiencia y seguir adelante y, a la vez, asumir la responsabilidad por nuestra propia felicidad. Piensa cómo deseas responder la próxima vez que enfrentes un reto.

2.
Sólo sigue en el juego

Inclina tu oído, OH SEÑOR, y escúchame,
Porque estoy afligido y menesteroso.
Guarda mi alma, porque soy piadoso;
Eres mi Dios;
¡Salva a Tu siervo que en Ti confía!
Ten misericordia de mí, oh Señor,
Porque a Ti clamo todo el día.
Alegra el alma de Tu siervo,
Porque a Ti, oh Señor, levanto mi alma.
Porque tú, Señor, eres bueno y perdonas,
Y eres grande en misericordia con todos
los que Te invocan.
Salmo 86: 1-5

He descubierto, una y otra vez, que cuando pedimos ayuda a Dios y luego realizamos una acción, sabemos en nuestro corazón que Él nos cuida y no hay razón para temer. Mis padres me lo enseñaron con su forma de vivir cada día. Son mis más grandes ejemplos de fe en acción. Aunque llegué a este mundo con "unas cuantas piezas faltantes", como diría mi mamá, he recibido muchas, muchas bendiciones. Mis padres siempre me apoyaron. No me consintieron. Me disciplinaron cuando lo necesitaba y me dejaron cometer mis propios errores. Más que nada, son maravillosos modelos a seguir. Fui su primer hijo y, en definitiva, un paquete sorpresa. A pesar de todos los exámenes maternos habituales, el médico no halló ninguna indicación de que llegaría al mundo sin brazos ni piernas. Mi madre era una enfermera experimentada que había ayudado en cientos de partos, y tomó todas las precauciones durante su embarazo.

Sobra decir que mis padres se asombraron bastante de que yo llegara sin extremidades. Al igual que los demás bebés, no venía acompañado de un instructivo; pero sin duda mis padres hubieran recibido con gusto un poco de orientación. No conocían a otros que hubieran criado niños sin extremidades en un mundo diseñado para personas con ellas. Primero, se sintieron desconsolados, como sucedería a cualquier padre y madre. Enojo, culpabilidad, miedo, depresión, desesperación: estas emociones los dominaron durante la primera semana. Cayeron muchas lágrimas. Estaban de luto por el niño perfectamente formado que esparaban y no recibieron. También afligidos, temían que mi vida resultara muy difícil.

Por supuesto, no podían imaginar el plan que Dios tenía para semejante niño. Sin embargo, recuperados de su asombro inicial, decidieron confiar en Él y ya no intentaron entender por qué les había dado semejante niño. En cambio, se rindieron ante Su plan, el que fuera, y me criaron lo mejor que pudieron; es decir, dándome todo su amor cada día. Jamás hubiera pedido algo mejor. Como resultado de su amor y los ánimos que me dieron, no temo intentar lo que sea.

VIDA SIN LÍMITES

Hoy la vida tal vez te golpee. Quizá te preguntes si mejorará tu suerte. Yo te digo: no puedes imaginarte todo lo bueno que te espera si no te rindes. Sigue concentrado en tu sueño. Haz lo necesario y sigue en esa búsqueda. Tienes el poder de cambiar tus circunstancias. Persigue lo que desees.

3.
Crecimiento
postraumático

Hermanos míos, tengan gozo cuando se hallen ante diversas pruebas, sabiendo que la prueba de su fe genera paciencia. Mas permitan que la paciencia realice su obra perfecta, para que sean perfectos y cabales, sin que les falte cosa alguna. Si alguno de ustedes carece de sabiduría, pídala a Dios, el cual da a todos con abundancia, y sin reproche le será dada. Pero pida con fe, sin dudar.

SANTIAGO 1:2-6

Siempre he creído que Dios nos fortalece mediante retos. En años recientes, investigadores en psicología de la salud han comprobado lo anterior en personas que experimentaron estrés y traumas severos por enfermedades graves, sucesos catastróficos o la muerte de un ser amado. Aunque a menudo escuches de personas bajo estrés postraumático, los psicólogos afirman que quienes manejan con éxito estos retos experimentan *crecimiento* postraumático ante la adversidad. Se ha comprobado que quienes enfrentan con éxito adversidades físicas, crecen de manera positiva:

Se dan cuenta de que son más fuertes de lo que pensaban, y se recuperan más rápido. Identifican a quienes realmente se preocupan por ellos y esas relaciones se fortalecen.

Atribuyen mayor valor a cada día y a las cosas buenas en sus vidas.

Se vuelven más fuertes en lo espiritual.

Creo que otro beneficio deriva de discapacidades y problemas de salud serios. Me parece que Dios permite afectaciones a algunos para animar a otros, pero a todos, Dios nos reconforta. Esta explicación en particular tiene sentido porque experimenté su verdad una, otra y otra vez.

No afirmo que siempre entiendo el plan de Dios. Pero sí que el cielo no será como esta vida temporal. A veces es difícil creerlo cuando Dios parece agresivo o injusto. Debes obtener consuelo y fuerza de Él, poner la situación en Sus manos y solicitar Su ayuda.

Tal vez sea complicado eludir la ansiedad al estar enfermo, tener alguna discapacidad o confrontar otros retos que ponen la vida en peligro, pero hallarás paz si pones las cosas en manos de Dios. Él te puede dar fuerza día tras día, para un reto propio o por estar afligido por alguien más.

Debes saber que, pase lo que pase, no hay enfermedad ni muerte en la siguiente vida; pero todos debemos tener un fin en la tierra. Su plan no consiste en hacernos sufrir y morir aquí. Dios nos quiere con Él para siempre en el cielo.

Sin embargo, mientras conservemos nuestras vidas temporales, tenemos una hermosa oportunidad de conocer a Dios y compartir Su amor con quienes no saben que Jesucristo murió por nuestros pecados. Aunque la vida eterna en el cielo será maravillosa, la relación con Dios mientras vivamos es una estupenda oportunidad de conocerlo.

VIDA SIN LÍMITES

Sin importar tus circunstancias, Dios te indicará Sus propósitos. Pueden pasar años antes de que entiendas cuáles podrían ser. En algunos casos, jamás conocerás la magnitud de Sus planes o por qué permite que algunas cosas te sucedan. Por ello es necesario actuar desde su fe para entender que Dios está contigo y que, aunque ocurran cosas malas, no cambiarán Su amor por ti.

4.
La serenidad con la entrega

No se inquieten por nada; mejor en cada oportunidad, con oración y ruego, presenten sus peticiones a Dios y denle gracias; y la paz de Dios, que sobrepasa todo entendimiento, cuidará sus corazones y sus pensamientos en Cristo Jesús.

FILIPENSES 4: 6-7

Nuestras vidas y nuestra tierra no tienen que ver con lo que *nosotros* queremos. Tú y yo fuimos creados y colocados en este mundo natural por lo que Dios quiere para nosotros. Él envió a Su Hijo hasta aquí para morir por nuestros pecados, y Jesús hizo el máximo sacrificio al seguir el plan de Su Padre y darnos el regalo de la vida eterna. Surge una increíble paz al entregarle a Él nuestras vidas, tal y como lo hizo Jesús.

Esta paz puede ser tuya al entregar tus miedos y la urgencia de controlar tu vida, y deshacerte de la necesidad de saber el resultado de tus acciones. Tú pones todo en manos de Dios y te comprometes a seguir Su voluntad. Cuando buscas la voluntad de Dios en tu vida, ya sea al tomar decisiones o solicitar oportunidades, no siempre puedes esperar una señal de Dios. Esas ocasiones son raras y maravillosas. Lo que he empezado a buscar en vez de eso es una *sensación de paz*.

Si la serenidad permanece en mi corazón cuando rezo y sigo adelante con la decisión de aprovechar una oportunidad, siento que estoy siguiendo Su voluntad. Si pierdo esa sensación de paz, me detengo, rezo más y vuelvo a considerarlo. Creo que si voy por mal camino, Dios cambiará mi corazón y me guiará.

Todo mundo tiene un proceso. Algunas personas tienen muchos amigos que les brindan consejo, o quizá basen sus decisiones en la alineación de las estrellas o en su intuición. Mi proceso es la entrega. Dios nos entiende hasta lo más profundo porque Él nos creó, siente lo que sentimos, pero Su visión llega hasta donde no alcanzamos a ver. Hay muchas personas a quienes busco cuando requiero consejo y sabiduría. Pero nadie está al nivel de Dios en lo que respecta a orientar. Agradezco tener oportunidades, y a veces me parece que camino por los pasillos de un hotel gigante con cientos de puertas para ser abiertas. Es difícil saber cuáles son las correctas para mí, pero a través de mi entrega, mi paciencia y confianza en Dios, Él me orienta.

Desde luego, Dios algún día puede decirte no a tu plan, pero al día siguiente puede decir sí a algo incluso mejor. Tú no sabes lo que Dios puede hacer con tu vida hasta que te la entrega y sientes la felicidad en tu relación con Él. Cada vez que siento ansiedad respecto a *mis* metas por alcanzar, encuentro paz al saber que estoy aquí porque Dios me ama y estará conmigo cuando me entregue a Él.

VIDA SIN LÍMITES

No hay nada que brinde tanto consuelo como aceptar que tú no debes resolverlo todo, pues Dios lo hará. Puedes entregarte a Él y esperar con paciencia. A través de Él, todo es posible. ¿Hay alguna gran decisión o algo más que para ti sea una carga en este momento? Ríndete ante Dios y permite que Él guíe tu corazón conforme avanza.

5.
Sigue moviéndote

"Porque yo sé los planes que tengo para ustedes", afirma el SEÑOR, "planes de bienestar y no de calamidad, a fin de darles una esperanza y un futuro."

JEREMÍAS 29: 11, NVI

Como hijo de Dios, tú eres hermoso y preciado, con mayor valor que todos los diamantes del mundo. ¡Tú y yo estamos preparados para ser quienes estamos destinados a ser! Sin embargo, siempre debe ser nuestra meta convertirnos en una persona mejor y extender nuestros límites al soñar en grande. Se necesitan ajustes sobre la marcha, porque la vida no siempre es color de rosa, pero siempre vale la pena vivir. Estoy aquí para decirte que, sin importar cuáles sean tus circunstancias, siempre y cuando estés respirando, te corresponde una contribución. La vida puede parecer cruel, no hay duda. A veces se acumulan cosas malas, y no ves una salida. El hecho es que, como simples mortales, tenemos visión limitada. Sencillamente no vemos lo que hay adelante. Es lo malo pero también lo bueno. Para animarte, te diré que lo de adelante puede ser mucho mejor que cualquier cosa que jamás hayas creído posible. ¡Pero depende de ti ir hacia allá, levantarse y presentarse!

Ya sea que tu vida sea buena y desees mejorarla, o tan mala que quieras permanecer en cama, lo que suceda a partir de ese mismo instante dependerá de ti y de tu Creador. Cierto, no puede controlar todo. Con frecuencia, le suceden cosas malas a la gente, sin importar lo buena que sea. Puede no ser justo que tú hayas nacido para una vida sencilla, pero si es tu realidad, hazle frente.

Puedes tropezar. Otros pueden dudar de ti. Cuando me enfoqué en la oratoria como carrera, hasta mis padres cuestionaron mi decisión: "¿No piensas que una carrera de contaduría, con un despacho propio, pudiera ser más apropiada, dadas tus circunstancias, y brindarte un mejor futuro?", preguntó mi papá.

Sí, desde varias perspectivas una carrera como contador parecería más sensata porque tengo talento para los números. Pero desde temprana edad tuve absoluta pasión por compartir mi fe y la esperanza de una vida mejor.

Cuando encuentres tu propósito real, llegará la pasión. Dedicarás absolutamente toda tu vida a seguirla.

VIDA SIN LÍMITES

Si buscas tu camino en la vida, está bien sentir un poco de frustración. Esto es un maratón, no una carrera corta a toda velocidad. Tu anhelo de encontrar mayor significado es una señal de que creces, avanzas más allá de los límites y desarrollas tus talentos. Es sano mirar dónde estás de vez en cuando y determinar si tus acciones y prioridades trabajan en favor de tu propósito más elevado.

6.
Encontrar la verdadera recompensa

De todo cuanto mis ojos deseaban, nada les negué.
No privé a mi corazón de ningún placer,
porque mi corazón gozaba de todo mi trabajo
y ésta fue la recompensa de toda mi labor.
Consideré luego todas las obras que mis manos habían hecho
y el trabajo en que me había empeñado;
y, he aquí, todo era vanidad y correr tras el viento.
No había ganancias bajo el sol.
ECLESIASTÉS 2: 10-11

Helen Keller perdió la vista y el oído por enfermedad antes de cumplir dos años de edad, pero se convirtio en una autora, oradora y activista social de fama mundial. Esta gran mujer dijo que la verdadera felicidad viene a través de la "lealtad a un propósito digno".

¿Eso qué significa? Para mí, ser leal a lo que creo, hacerlo crecer, compartirlo y encontrar felicidad en ello. Significa avanzar más allá de la autosatisfacción hasta la búsqueda más madura del significado y la plenitud.

Las más grandes recompensas llegan cuando entregas parte de tí mismo. Se relacionan con mejorar la vida de los demás, ser parte de algo más grande que tú y hacer una diferencia positiva. No es necesario que seas la Madre Teresa para lograrlo. Incluso como "discapacitado", puedes crear impacto.

Tu propia búsqueda de significado y plenitud puede estar en proceso. Pero no creo que te puedas sentir realmente pleno sin servir a los demás. Cada uno desea utilizar sus talentos y conocimientos para dar un beneficio y no sólo pagar las cuentas.

En el mundo actual, aunque plenamente conscientes del vacío espiritual ante las adquisiciones materiales, necesitamos recordatorios de que la plenitud no se relaciona con las propiedades. Las personas prueban los métodos más extraños para obtener satisfacción. Pueden beber seis latas de cerveza; drogarse hasta caer inconscientes; alterar sus cuerpos para alcanzar una belleza artificial; trabajar toda su vida para alcanzar el éxito, y encontrar que alguien les arrebata esto sin piedad.

Pero la gente sensata sabe que no hay caminos fáciles para la felicidad a largo plazo. Si le apuesta a los placeres temporales, sólo encontrará satisfacción temporal. Recibe emociones baratas por lo que paga: hoy están aquí, mañana ya no.

En la vida no importa tener sino hacer. Puedes rodearte con todo lo que el dinero compra y ser tan infeliz como cualquiera. Conozco personas con cuerpos perfectos que no poseen ni la mitad de mi felicidad.

VIDA SIN LÍMITES

Encontrarás alegría cuando tus talentos y tu pasión se utilicen por completo y en su máxima potencia. Reconoce la autogratificación instantánea por lo que es. Resiste la tentación de perseguir objetos materiales como la casa perfecta, la ropa más *cool* o el auto de moda. El síndrome de: "Si tan sólo tuviera X, estaría feliz", es un engaño masivo. Cuando buscas la felicidad en objetos, nunca bastan. Mira a tu alrededor. Mira hacia dentro.

7.
El poder de la esperanza

Oh, Dios, no te quedes lejos;
¡Dios mío, por favor, apresúrate a ayudarme!
Trae confusión y destrucción a mis adversarios;
cubre con vergüenza y deshonra
A quienes buscan mi daño.
Mas seguiré con la esperanza de Tu ayuda,
y te alabaré más y más.
Mis labios hablarán de Tu justicia
y de Tu poder salvador,
pues no conozco sus límites.
Me iré, ante la fuerza del Soberano Señor,
y les contaré a todos que sólo tú eres justo.
SALMO 71: 12-16

Una y otra vez durante mi vida y mis viajes he atestiguado el increíble poder del espíritu humano. Me consta que los milagros suceden, pero sólo para quienes mantienen la esperanza. ¿Qué es la esperanza?: utilizar los sueños. Es la voz de Su propósito. Te habla y asegura que cualquier cosa que te suceda no vive dentro de ti. Quizá no puedas controlar lo que te pase, pero sí cómo responder a ello.

Mi fe en el poder de la esperanza sobre la desesperación fue reforzado en 2008 durante mi primera visita a China. Vi la Gran Muralla y me maravillé ante la grandeza de una de las más increíbles maravillas del mundo. Pero el momento más poderoso de este viaje llegó cuando vi brillar la alegría en los ojos de una joven niña china. Participaba con otros niños en montar un espectáculo digno de las Olimpiadas. La expresión de júbilo de esta niña me llamó la atención, y no dejaba de mirarla. Mientras se movía en perfecta sincronía con los demás bailarines, balanceaba un plato que giraba sobre su cabeza. Se concentraba mucho en su tarea pero, a pesar de todo lo que tenía en mente, mostraba esta apariencia de intensa felicidad que me conmovió hasta las lágrimas.

Lo que sucede es que esta niña y todos los integrantes del espectáculo estaban entre más de 4 000 jóvenes huérfanos tras el temblor que sacudió la región unos meses atrás. Mi cuidador, nuestro coordinador de viajes y yo, visitamos ese orfanato con provisiones para ellos y me pidieron hablarles para darles ánimo.

Al viajar al orfanato, me abrumé por el daño y el sufrimiento que el temblor ocasionó. Ante tal devastación, me preocupó no saber qué decir a esos huérfanos. La tierra se abrió y se tragó todo lo que ellos conocían y amaban. Yo nunca había pasado algo tan terrible. ¿Qué les podría decir? Les llevamos abrigos calientitos y otras ropas pero, ¿cómo darles esperanzas?

Cuando llegué al orfanato, todos corrieron hacia mí. Un niño tras otro me abrazó. Yo no hablaba su idioma, pero eso no importaba. Sus rostros lo decían todo. A pesar de sus circunstancias, estaban radiantes. No debí preocuparme por las palabras que podrían ayudarlos. No necesitaba inspirar a esos niños. Más bien, ellos me inspiraron con sus espíritus que se elevaban llenos de valentía. Habían perdido padres, hogares y todas sus pertenencias; sin embargo, manifestaban alegría.

VIDA SIN LÍMITES

La esperanza surge incluso en los peores momentos para evidenciar la presencia de Dios. Sigue mirando hacia delante, atrévete a desear una vida mejor y persigue tus sueños con toda tu fuerza.

8.
La belleza no se ve

> Engañosa es la gracia, y pasajera la hermosura;
> La mujer que teme al SEÑOR, será alabada.
> Denle el fruto de sus manos,
> Y alábenla ante las puertas sus hechos.
> PROVERBIOS 31: 30-31

La clase de *autoamor* y *autoaceptación* que yo apoyo no tiene que ver con amarse a uno mismo de manera ensimismada y vanidosa. El autoamor que yo recomiendo no es egoísta. Tú debes dar más de lo que tomas, ofrecer sin que te lo pidan. Comparte cuando no tienes mucho para ofrecer. Encuentra felicidad al hacer que otros sonrían. Te aman porque no sólo para ti es importante. Eres feliz contigo porque a los demás les da alegría estar cerca de ti.

Si tu *autoamor* se va demasiado lejos y se encierra en sí mismo, se convierte en vanidad. La vanidad es digna de burla, pues tan pronto alguien cree verse bien y sexy, que merece estar en la portada de la revista *People*, llega alguna lección para que te des cuenta de que la belleza real está en los ojos de quien mira, y lo que está afuera no es tan importante como lo que hay en el interior.

Hace poco conocí a una niña australiana ciega. Estábamos organizando una carrera para recaudar fondos que proporcionaran equipo médico a niños necesitados. Ella tenía unos cinco años de edad. Su mamá me la presentó después de la competencia. La mamá le explicó que yo nací sin brazos ni piernas.

La gente ciega a veces pide tocar mi cuerpo para entender cómo es alguien sin extremidades. No me molesta, así que cuando la niña le preguntó a su mamá si podía "ver" eso por sí misma, le di permiso. Su mami guió su mano por mis hombros y por mi pequeño pie izquierdo. La reacción de la niña fue interesante. Se mantuvo tranquila al sentir mi cavidad del hombro vacía y mi extraño piecito. Luego, al poner sus manos en mi cara, ¡gritó!

Fue hilarante.

"¿Qué? ¿Te asusta mi hermosa cara?", le pregunté, riendo.

"¡No! ¡Es todo ese pelo que te cubre! ¿Eres un lobo?"

Ella nunca había sentido una barba antes. Al tocarla se horrorizó. ¡Le dijo a su mamá que era triste que yo fuera tan velludo! Esta niña tenía su propia idea de lo que era atractivo, y obviamente mi barba no estaba en esa lista. No me ofendió. Me alegró que me recordara que la belleza definitivamente está en los ojos —y en el tacto— de quien mira.

VIDA SIN LÍMITES

Ámate a tí mismo como Dios te ama, por lo que hay en tu interior. Permite que ese amor y esa autoaceptación se derramen hacia fuera. ¡Tú irradiarás sentimientos positivos que los demás percibirán!

9.
Ten esperanza de que ocurra lo imposible

Justificados, pues, por la fe,
tenemos paz para con Dios por medio de nuestro
Señor Jesucristo, por quien también
tenemos entrada por la fe a esta gracia en
la cual estamos, y nos regocijamos con la esperanza de la
gloria de Dios. Y no sólo esto, sino que también
nos gloriamos en las tribulaciones, sabiendo que
la tribulación produce paciencia, y la paciencia, carácter,
y el carácter, esperanza.
Y la esperanza no nos defrauda,
porque el amor de Dios ha sido derramado
en nuestros corazones por el Espíritu Santo
que nos fue dado.
ROMANOS 5: 1-5

Personas de distintas partes del mundo se entristecieron mucho por el devastador temblor de 2010 en Haití. Sin embargo, a pesar de todas las tragedias que llegaron con este desastre, las circunstancias horrendas también sacaron a flote las mejores cualidades de los sobrevivientes; por ejemplo, el no rendirse a pesar de la tremenda desventaja.

Se creía que Emmanuel, el hijo de Marie, estaba entre los muertos bajo un edificio. El sastre de 21 años de edad estaba con su madre en el departamento de ella cuando ocurrió el temblor. Ella escapó. Mas no lo pudo encontrar después. Su edificio sólo era un montón de escombros. Marie buscó a su hijo en un campamento de emergencia para personas que perdieron sus hogares, pero no lo halló entre los demás sobrevivientes. Esperó en ese lugar, deseando que él llegará ahí.

Tras varios días, atravesó el caos y la destrucción para buscar a su hijo. La maquinaria pesada que trabajaba en ese sitio le dificultó oír, pero en cierto momento Marie creyó escuchar a Emmanuel llamándola.

"En ese momento", le dijo a un reportero, "supe que era posible salvarlo."

Marie le dijo a todo mundo que su hijo la llamaba desde los escombros, pero nadie podía ayudarla. Cuando llegaron algunos rescatistas internacionales, convenció a un grupo de ingenieros de que su hijo seguía vivo. Con su equipo y conocimientos, cortaron acero, concreto y escombros en el punto exacto donde ella escuchó la voz de su hijo.

Cavaron hasta encontrar la mano de Emmanuel, que se estiraba hacia ellos. Luego liberaron su hombro y lo sacaron. Estuvo enterrado 10 días. Estaba severamente deshidratado, cubierto de polvo y muy hambriento, pero sobrevivió.

A veces sólo tendrás la creencia de que algo es posible, de que los milagros suceden. Como le sucedió a Marie, el mundo puede estar en caos, pero no debes rendirte ante la desesperación. En vez de eso, ¡confía en que Dios proporcionará lo que te falte! Esa creencia llevó a Marie a actuar. Sus acciones la acercaron a la voz de su hijo. No es descabellado aceptar que la esperanza de Marie mantuvo vivo a Emmanuel, ¿o sí?

VIDA SIN LÍMITES

Tal vez en este momento tu vida no vaya bien, pero mientras estés aquí, mientras empujes hacia el frente, todo es posible. Aférrate a la esperanza.

10.
Prepárate para lo mejor

Por tanto, no nos desanimamos. Aunque por fuera
nos vamos desgastando, por dentro
nos renovamos día tras día, pues nuestros
sufrimientos ligeros y efímeros producen una gloria eterna
que vale muchísimo más. Así que no nos fijamos en lo visible
sino en lo invisible. Pues
las cosas que se ven son pasajeras,
mientras las que no se ven son eternas.

2 CORINTIOS 4:16-18

Tú puedes ser escéptico respecto a que todo es posible si mantienes la esperanza. O quizá fuiste llevado a un nivel tan bajo que encontrar la fuerza necesaria para salir de tu desesperación parece imposible. En algún momento me sentí exactamente así. Estaba convencido de que mi vida nunca tendría valor, sólo sería una carga para mis seres amados.

Mis padres no estaban preparados para un niño sin extremidades cuando yo nací y estaban inconsolables. ¿Quién podría culparlos? Toda madre y todo padre visualizan el futuro de los niños que traerán al mundo. Mis padres tenían dificultad para proyectar mi futuro, y a mí también se me hizo difícil cuando crecí.

A todos nos pasa que la previsión de nuestras vidas se estrella con la cruel realidad, como lo haría un coche a toda velocidad contra una pared. Tus acciones pueden ser exclusivamente tuyas, pero las situaciones desesperadas son comunes en los humanos. Los adolescentes con frecuencia me mandan correos electrónicos en que narran historias de abuso y negligencia que destruyen a sus familias. Los adultos comparten historias en las que drogas, alcohol o pornografía los dejaron incapacitados. Algunos días parece que la mitad de la gente con que hablo enfrenta algún cáncer u otra condición médica que pone en riesgo su vida.

¿Cómo mantener las esperanzas en semejante situación? Debemos confiar en Dios, recordar que estamos aquí por un propósito y cumplirlo. Sin importar qué reto enfrentes, has recibido bendiciones que te ayudarán a encontrar una salida. Sólo piensa en mis padres y en la desesperanza que una vez sintieron.

Martin Luther King dijo: "Todo lo que se ha logrado en el mundo ha sido gracias a la esperanza." Me consta que mientras respires, tienes esperanza. Tú y yo sólo somos humanos. No podemos ver el futuro. En vez de ello, visualizamos lo que podría ser. Sólo Dios sabe cómo se desarrollarán nuestras vidas. Su regalo para nosotros es una ventana a través de la cual podemos mirar.

VIDA SIN LÍMITES

Confía en Él, mantén la esperanza en su corazón, incluso al enfrentar lo peor: ¡haz todo lo posible y prepárate para lo mejor! No podemos conocer el futuro que Él ha planeado para nosotros.

11.
No hay comparación

El ladrón viene para hurtar, matar y destruir.
Yo he venido para que tengan vida,
y para que la tengan en abundancia.
JUAN 10: 10

Puesto que nací sin brazos ni piernas, jamás los extrañé. Encontré cómo hacer la mayoría de las tareas por mi cuenta. Tuve una infancia feliz durante la cual anduve en patineta, pesqué y jugué futbol con mi hermano, mi hermana y nuestros primos. La mayoría del tiempo, no me molestaba la atención favorable que mi cuerpo inusual atraía. A veces incluso salieron cosas buenas a partir de esto. Los periódicos y las estaciones de televisión de Australia hicieron reportajes sobre mí, y alabaron mis esfuerzos por vivir sin límites.

El *bullying* y las frases hirientes fueron infrecuentes hasta la edad en que casi todos los niños sufren un tormento similar en el patio de juegos, en la cafetería o en el camión. Mis impulsos autodestructivos llegaron cuando perdí la fe y atendí a lo que no podía hacer, en vez de lo que sí podía. Perdí esperanza en el futuro porque limité mi visión a lo que veía en lugar de abrirme a lo posible, incluso a lo que parecía imposible.

Nadie debería sentir lástima por mí o minimizar sus retos al compararlos con los míos. Todos tenemos problemas y preocupaciones. Comparar los suyos y los míos puede ayudar, pero la verdadera perspectiva es que Dios es más grande que cualquiera de los problemas que tenemos. Estoy agradecido de que otras personas encuentren una perspectiva fresca y positiva respecto a sus vidas al mirar la mía e inspirarse, pero no es lo único que me interesa.

Aunque carezco de algunos artículos del paquete habitual de extremidades, tengo una vida exageradamente buena. De hecho mi autoaceptación y mi confianza en mí mismo durante la juventud empezaron a desmoronarse hasta que me comparé con los demás. Entonces, en vez de enorgullecerme de lo que hacía, me enfocaba en las cosas que mis amigos hacían y que estaban negadas a mis habilidades. En vez de percibirme como capacitado, me vi como discapacitado. En vez de enorgullecerme de ser único, anhelé ser lo que no era. Mi enfoque cambió. Me sentí sin valor. Me sentí una carga para mi familia. Mi futuro parecía no tener esperanzas.

Los pensamientos y las emociones de tipo negativo abruman y roban la perspectiva. Si no los acallamos, la autodestrucción parece el único escape, porque no vemos otra salida.

Muchísimas personas han tenido pensamientos suicidas o de dañarse a sí mismas. Lo que salvará tu vida en esas situaciones es cambiar la perspectiva y no enfocarte en ellos mismos, sino en quienes amas; y no centrarte en el dolor de ese momento sino en las grandes posibilidades del futuro.

VIDA SIN LÍMITES

Cuando pensamientos autodestructivos y suicidas te atormenten, recomiendo concentrarse en la fe; fe en que tendrás mejores días y una vida mejor, o fe en quienes te aman, incluyendo el Creador, porque te ayudarán a superar esa tormenta.

12.
Vence a la tragedia

¿Hasta cuándo, Señor, vas a tolerar esto?
Líbrame de destrucciones,
Mi vida preciada por los ataques de los leones.
Yo te daré gracias en la gran asamblea;
Ante una multitud te alabaré.
SALMO 35: 17-18

Quizá recuerdes que Bethany Hamilton, surfista de nivel mundial, perdió su brazo izquierdo a los 13 años cuando la atacó un tiburón tigre en Hawai. Antes del ataque, Bethany era muy conocida entre los surfistas, pero después de esa tragedia y regresar a su deporte, de alabar a Dios y agradecerle sus bendiciones, se volvió una figura admirada internacionalmente por su espíritu valiente y su gran fe. Ahora viaja por todo el globo para inspirar a las personas y compartir sus creencias.

Su meta es: "Sólo hablar de mi fe en Dios y que todos sepan que Él los ama, y explicarles cuánto me cuidó Él ese día. Yo no debería estar aquí, pues perdí setenta por ciento de mi sangre esa mañana."

Yo no sabía qué tan cerca estuvo Bethany de la muerte. Me dijo cómo rezó cuando la llevaron a toda velocidad a un hospital al que llegó en 45 minutos y cómo su paramédico le susurró palabras alentadoras de fe: "Dios nunca te dejará ni te abandonará."

Las cosas se veían difíciles. Cuando llegaron al hospital y la prepararon para la cirugía, resultó que todos los quirófanos estaban ocupados. Bethany estaba a punto de desfallecer. Pero un paciente aceptó posponer su cirugía de rodilla, para que su médico operara a Bethany. ¿El paciente? ¡El propio padre de Bethany!

Sorprendente, ¿no? El cirujano estaba preparado, así que intercambiaron hija por padre y trabajaron para salvarle la vida.

Al ser tan saludable y atlética, con una actitud tan positiva, Bethany se recuperó más pronto de lo que los médicos esperaban. Volvió a surfear tan sólo tres semanas después del ataque.

Bethany dijo que su fe en Dios la llevó a concluir que perder su brazo era parte del plan para su vida. En vez de sentir lástima por sí misma, lo aceptó. En su primera competencia contra las mejores surfistas femeninas del mundo, terminó en tercer lugar… ¡con sólo un brazo! Afirma que esa pérdida fue una bendición en muchos sentidos, porque ahora, siempre que le va bien en una competencia, ¡inspira a otras personas para que sus propias vidas no tengan límites!

"Dios definitivamente ha respondido a mi plegaria de utilizarme. Él le habla a la gente cuando escucha mi historia", afirma ella. "Las personas me dicen que se acercaron a Dios, empezaron a creer en Él, hallaron esperanza para sus vidas o se inspiraron para sobreponerse a una circunstancia difícil. Yo alabo a Dios cuando escucho eso, porque no soy yo quien hace algo por ellos: es Él quien los ayuda. Estoy muy emocionada de que Dios me dejó ser parte de Su plan."

VIDA SIN LÍMITES

Pocos hubieran culpado a Bethany si hubiera renunciado por completo a surfear tras el ataque del tiburón. Debió aprender de nuevo a balancearse en su tabla, pero ni se inmutó. Confió en que, a pesar de sucederle algo terrible, algo bueno podría salir a partir de ello. ¡Lo mismo aplica para ti!

13.
No se requiere evidencia

Es pues, la fe, la certeza de lo que se espera
y convicción de lo que no se ve. Por ella alcanzaron
buen testimonio los antiguos.
Por la fe comprendemos que el universo
fue hecho por la palabra de Dios,
de modo que lo que se ve
fue hecho de lo que no se veía.

HEBREOS 11: 1-3, NVI

Tú y yo no podemos ver lo que Dios nos tiene reservado. Por eso nunca debes creer que tus peores temores son tu destino y nunca te levantarás cuando has caído. Debes tener fe en tí mismo, en tu propósito y en el plan de Dios para tu vida. Hacer a un lado los temores y las inseguridades y confiar en que encontrarás tu camino. Quizás no tengas idea de qué hay más adelante, pero es mejor actuar en la vida a que la vida actúe sobre ti.

Si tienes fe, no necesitas evidencia. La vives. Tampoco respuestas correctas, sólo las preguntas indicadas. Nadie sabe lo que depara el futuro. La mayoría de las veces, el plan de Dios es incomprensible, incluso fuera de nuestra imaginación. Cuando yo tenía 10 años, nunca hubiera imaginado que los siguientes 10 años Dios me mandaría por todo el mundo para hablar ante millones de personas, inspirarlas y guiarlas hacia Jesucristo. Tampoco sabía que el amor de mi familia sería igualado, incluso sobrepasado por el de una mujer inteligente, llena de fe, valerosa y bella que se convirtió en mi esposa. Ese niño angustiado al pensar en su futuro hoy es un hombre en paz.

Sé quién soy, y doy un paso cada vez, pues Dios está a mi lado. Mi vida se desborda de propósitos y amor. ¿Mis días están libres de preocupaciones? ¿Cada día está repleto de bendiciones, luz del sol y flores? No. Todos sabemos que la vida no funciona así. Pero doy gracias a Dios por todos y cada uno de los momentos en que Él me permite realizar el camino por Él trazado. Tú y yo estamos aquí por un propósito. Yo encontré el mío, y tú debes mirar mi historia como una garantía de que tu camino te espera.

VIDA SIN LÍMITES

Si tienes fe, encontrarás, como yo hice, que la visión de Dios para tu vida es mucho más grande que cualquier cosa que puedas imaginar. ¡Dios no comete errores!

14.
Nunca pierdas
las esperanzas

EL SEÑOR quita y da la vida;
Hace descender a la tumba y elevarse.
EL SEÑOR empobrece y da riquezas;
Él abate y también ensalza.
Levanta del polvo al pobre,
del montón de basura al necesitado,
para sentarlos entre los príncipes
y darles como herencia un trono de gloria
I SAMUEL 2: 6-8

He visto la asombrosa capacidad de la gente para sobreponerse a sus circunstancias en lugares tan deprimentes como los orfanatos de China, los barrios pobres de Mumbai y las prisiones de Rumania. Una vez hablé en un centro de bienestar social en Corea del Sur donde había residentes discapacitados y madres solteras. El poder de su espíritu me sorprendió. Visité una prisión en Sudáfrica con paredes de concreto y barras oxidadas. Los peores criminales no podían acudir a nuestro servicio en la capilla, pero pude escuchar a muchos en otras partes de la prisión, mientras cantaban con nuestra música góspel. Fue como si el Espíritu Santo llenara toda la población con la alegría de Dios. Estaban cautivos por fuera, pero libres en su interior y su esperanza. Al salir sentí como si esos presos fueran más libres que muchos que viven afuera. Recuerda, la tristeza cumple un propósito. Es natural experimentar esta emoción, pero nunca debe dominar tus pensamientos del día y de la noche. Puedes controlar su respuesta al enfocarse en pensamientos y acciones positivos que eleven tu espíritu.

Como soy espiritual, volteo hacia mi fe en momentos de pesar. Me sorprende que mi adiestramiento como contador ofrece un enfoque más pragmático. Si dices que no tienes esperanzas, eso significa que piensas en cero posibilidades de que algo bueno te suceda.

¿Cero? Eso sería extremo, ¿no lo crees? Confiar en que habrá días mejores hará más probable que tus días cambien para bien. La esperanza, con la fe y el amor, es uno de los pilares de la espiritualidad. Cualquiera que sea tu creencia, nunca debes estar sin esperanza, porque todo lo bueno de la vida inicia con ella. Si tú no tuvieras esperanzas, ¿alguna vez pensarías en formar una familia? Sin esperanza, ¿alguna vez aprenderías algo nuevo? La esperanza es el trampolín para cada paso que damos.

Isaías 40: 31 dice: "Quienes confían en el SEÑOR renovarán sus fuerzas. Volarán como águilas; correrán y no se fatigarán; caminarán y no se cansarán." La primera vez que escuché este pasaje comprendí que no necesitaba brazos ni piernas. Nunca olvides de que Dios jamás deja de confiar en ti.

VIDA SIN LÍMITES

También permite que la esperanza viva en tu corazón. Ten el valor de perseguir tus sueños y jamás dudes de tu habilidad para enfrentar cualquier reto. Muévete hacia adelante, porque la acción impulsa y crea oportunidades inesperadas.

15.
Disfruta el paseo

Se alegrarán el desierto y la soledad,
Y el desierto gozará y florecerá como rosa;
Florecerá profusamente y se regocijará,
Incluso con júbilo y cantos.

ISAÍAS 35: 1-2

No me digas que jamás has pensado, mientras esperas tu equipaje en el aeropuerto, saltar al carrusel y dejarte llevar adonde sea en la Tierra del Equipaje. Por supuesto, como yo soy ridículo, lo hice.

Estábamos en África. Cuando llegamos al aeropuerto, me aburrí de esperar nuestro equipaje; le dije a mi cuidador, Kyle, que quería andar en el carrusel.

Se me quedó viendo, parecía pensar: *"Nick, ¿Te has vuelto loco?"*

Pero Kyle me cumplió. Me cargó y me colocó al lado de una gran maleta Samsonite. Y ahí me fui con el resto de bolsas y maletas. Anduve en el carrusel por toda la terminal, tan quieto como una estatua con lentes de sol. Atraje miradas horrorizadas, dedos que señalaban y risas nerviosas de otros viajeros. No estaban seguros de que yo fuera, *a)* una persona real, o *b)* el maletín más guapo del mundo.

Por fin llegué en el carrusel hasta la pequeña puerta que da hacia el área trasera de carga. Ahí me recibieron unos encargados de equipaje africanos, quienes se rieron y sonrieron ante el australiano loco que se fue de paseo.

"¡Dios te bendiga!", dijeron con entusiasmo.

Los encargados del equipaje entendieron que a veces hasta los adultos desean dar un paseo en carrusel. La juventud no es algo que los niños desperdicien. Disfrutan cada minuto de ella. Tú y yo deberíamos intentar todo para mantener viva nuestra alegría juvenil. A veces nuestra vida es demasiado predecible, mejor es dar. Toma un paseo ridículo que te dé alegría de niño. Brinca en un trampolín. Ponle silla de montar a un pony. Dale un descanso a la edad adulta.

De vez en cuando es importante recibir una dosis de diversión ridícula. Se trata de disfrutar el paseo, aceptar las bendiciones y no sólo vivir, sino disfrutar la vida al máximo.

Durante mis discursos, a veces me paro en la orilla de la plataforma y me tambaleo como si estuviera a punto de caer. Y le digo a mi público que vivir en la orilla no está mal cuando tienes fe en ti mismo y en tu Creador. Y no lo digo sólo por decir. Me empujo a mí mismo en cada aspecto de mi vida, tanto en el trabajo como en mi tiempo de jugar. La mejor sensación me llega cuando trabajo y juego se fusionan. Te invito a buscar esa sensación.

VIDA SIN LÍMITES

Persigue con vigor todas las maravillas que Dios nos ha dado en esta tierra. De vez en cuando, suéltate el pelo y haz algo sólo por divertirte, algo impredecible.

16.
Cambia tu futuro

Por el amor que ha puesto en mí,
Yo también lo libraré;
Lo pondré en alto,
por conocer Mi nombre.
Me invocará, y yo
le responderé;
Con él estaré yo en la angustia;
Lo libraré y lo glorificaré.
Lo saciaré con larga vida,
Y le mostraré mi salvación.
SALMO 91: 14-16

La primera vez que realmente presencié el poder de nuestro destino fue durante una asamblea de preparatoria cuando escuché a mi primer conferencista. Era un estadounidense llamado Reggie Dabbs, y ese día tenía una tarea pesada. Había mil cuatrocientos jóvenes en nuestra asamblea escolar. El aire estaba caliente y pegajoso. El antiguo sistema de sonido hacia ruidos, estallaba y a veces no funcionaba.

Las personas del lugar estaban intranquilas, pero Reggie nos cautivó por completo con su historia: nos platicó que era hijo de una prostituta adolescente y soltera de Louisiana, que consideró el aborto para resolver su "pequeño problema". Por fortuna para Reggie, decidió tenerlo. Como ella no tenía familia ni un lugar para vivir tras embarazarse, se mudó a un gallinero.

Mientras estaba ahí duarante una noche, asustada y sola, recordó que una antigua maestra, una mujer con mucha empatía, le había dicho que la llamara si necesitaba ayuda. Esa maestra era la señora Dabbs, y manejó desde su hogar en Tennessee hasta Luisiana, recogió a la adolescente embarazada y la llevó a casa con su propia familia: un esposo y seis hijos adultos. Ella y su esposo adoptaron a Reggie y le dieron su apellido.

La pareja le inculcó fuertes valores, dijo Reggie. Una de sus principales lecciones fue que, sin importar cuál fuera su situación o circunstancias, siempre podía responder de manera negativa o positiva.

Reggie nos dijo que casi siempre había tomado las decisiones correctas porque tenía fe en sus posibilidades de vida. No quería hacer nada malo porque muchas cosas buenas lo esperaban. Destacó algo que de verdad hizo que me identificara con él: "¡Jamás cambiarás tu pasado, ¡pero puedes modificar tu futuro!"

Tomé a pecho sus palabras. Nos conmovió a todos. Reggie también sembró en mi mente la semilla de hacer carrera como orador. Me gustó el hecho de que ese tipo humilde impactara de modo positivo a un grupo tan grande y distraído de adolescentes en pocos minutos. También era genial que se la pasara volando alrededor del planeta para hablar con la gente: ¡le pagaban por darle esperanza a las personas!

Cuando me fui de la escuela ese día, pensé: *Quizá algún día tendré una buena historia como la de Reggie para compartir.*

VIDA SIN LÍMITES

Te animo a aceptar que quizá no veas un camino en este momento, pero eso no significa que no esté ahí. Debes tener fe; tu historia todavía está por desarrollarse. ¡Sé que será increíble!

17.
Bendiciones disfrazadas

Reconozcamos que el SEÑOR es Dios;
Él nos hizo, y no nosotros a nosotros mismos;
Pueblo suyo somos, y ovejas de Su prado.
Entremos por Sus puertas con acción de gracias,
Por Sus atrios con alabanza.
Lo alabamos y bendecimos Su nombre.
Porque el SEÑOR es bueno;
Para siempre es Su misericordia.
Y su verdad perdura por todas las generaciones.

SALMO 100: 3-5

Cuando dejé de enfocarme en mis retos físicos y me concentré en las bendiciones que representaban, mi vida cambió del todo para bien. Tú puedes hacer lo mismo. Si yo reconozco que el cuerpo que Dios me dio es, de muchas maneras, un regalo grande y maravilloso, ¿reconoces tú que tus propias bendiciones están disfrazadas, quizá incluso en algún aspecto de ti que percibes como tu mayor debilidad?

Todo tiene que ver con la perspectiva. No hay manera de esconderse de tu vida. Recibirás algunos golpes. A menos que te den tan fuerte que caigas en coma, serás una persona frustrada, enojada y triste. Eso ya me pasó a mí. Sin embargo, te animo a rechazar la desesperación y la amargura. Puedes ser arrastrado por una ola gigante o aprovecharla para llegar a la costa. De la misma manera, los retos te hunden o levantan. Si puedes respirar, da las gracias y elévate por encima de la depresión y la amargura. Da un paso, luego otro. Toma impulso para crear una vida que ames.

Mi discapacidad física me obligó a ser audaz al hablar con adultos y otros niños, y a interactuar. Así me concentré en mis habilidades en las matemáticas para tener una profesión de respaldo si me iba mal en mi actividad como orador. He pensado que incluso cuando se me ha roto el corazón por mi discapacidad, me he vuelto más compasivo hacia los demás. De la misma forma, los fracasos experimentados me hacen apreciar más mis éxitos y tener mucha más empatía con quienes luchan y fracasan.

VIDA SIN LÍMITES

No siempre es sencillo superar lo ocurrido y perseguir los sueños. Requiere gran determinación y tener un propósito, así como esperanza y fe, creer que tenemos muchos talentos y habilidades que compartir. Si eliges la actitud correcta y la perspectiva apropiada, ¡puedes elevarte por encima de cualquier reto que enfrentes!

18.
Arranca las etiquetas

Por esto orará a Ti todo santo
Durante tiempo de hallarte;
Ciertamente en la inundación de muchas aguas
No llegarán éstas a Él.
Tú eres mi refugio;
Me guardarás de angustia;
Con cánticos de liberación
Me rodearás.
SALMO 32: 6-7

Mantenerte positivo y motivado cuando tu carga parece intolerable es difícil. Todos queremos pertenecer al grupo, pero a veces todos nos sentimos fuera.

Mis inseguridades y dudas provenían de retos físicos, de no tener brazos ni piernas. Yo no sé cuáles sean tus preocupaciones, pero a mí me ayudó mantener la esperanza. Aquí presento una experiencia para ejemplificar cómo funcionó esto en mi mundo.

Era un niño pequeño cuando mi equipo médico recomendó a mis padres incorporarme a un grupo de niños etiquetados como discapacitados. Mis padres sentían gran amor y empatía por otros niños con necesidades especiales y sus familias, pero no pensaban que ningún niño debía estar con un solo grupo de compañeros de juego. Mantuvieron la convicción de que mi vida no tendría límites y lucharon por mantener vivo ese sueño.

Mi mamá, Dios la bendiga, tomó una importante decisión cuando yo estaba en una etapa temprana: "Nicholas, necesitas jugar con niños normales, porque eres normal. Sólo te faltan unas cuantas piezas, es todo", dijo, y con ello marcó el camino de los años venideros. No quería que me sintiera menos que normal o en alguna forma restringido. No quería que me volviera introvertido, tímido o inseguro sólo por ser diferente físicamente.

Casi no percibí que mis padres, incluso desde entonces, me inculcaban la creencia de que yo tenía total derecho a una vida libre de etiquetas y restricciones. Tú también tienes ese derecho. Debes estar libre de cualquier límite que otros traten de imponerte. Debido a mis piezas faltantes, entiendo que algunas personas aceptan lo que otros dicen sobre ellos e inconscientemente se limitan a sí mismos. Las etiquetas pueden proporcionar un escondite tentador. Algunas personas las usan como excusas. Otras se elevan por encima de ellas. A mucha, mucha gente, la etiquetan como discapacitada y sin embargo se eleva, disfruta de una vida dinámica y hace cosas importantes. Te animo a superar cualquier intento que te impida explorar y desarrollar tus dones.

VIDA SIN LÍMITES

Como hijo de Dios, sé que siempre está conmigo y me reconforta saber que Él entiende qué tanto podemos tolerar. Recuerda que el brazo de Dios nunca es demasiado corto. Puede alcanzar a cualquiera. Toma fuerza de ahí. Atrévete a intentarlo y elévate tan alto como tu imaginación lo permita. Encontrarás retos. Dales la bienvenida, pues son experiencias que construyen tu carácter. Aprende de ellas y supérelas.

19.
Ríete de ti mismo

Compadécete de Tus siervos.
Sácianos por la mañana con Tu misericordia,
y cantaremos con gozo y nos alegraremos todos nuestros días.
Alégranos conforme a los días que nos afligiste,
y a los años en que vivimos adversidad.
Manifiéstese tu obra a Tus siervos,
y Tu majestad a sus hijos.
Y sea la gracia del SEÑOR nuestro Dios sobre nosotros;
confirma sobre nosotros la obra de nuestras manos;
sí, la obra de nuestras manos confirma.
SALMO 90: 13-17

Una mañana, cuando tenía 13 años, me desperté con un feo barro en la nariz. Parecía un jitomate enorme y maduro.

"Mira esto. Está terrible", le dije a mi mamá.

"No te lo rasques", respondió.

¿Con qué me lo podría rascar? me pregunté.

Me fui a la escuela con la sensación de ser el tipo más feo del planeta. Cada vez que pasaba por un salón y veía mi reflejo en la ventana, me daban ganas de correr y esconderme. Los otros niños se me quedaron viendo. Yo me la pasé deseando que se quitara el grano, pero dos días después estaba más grande, el barro más grande y más rojo del universo.

¡La deformidad monstruosa no se iba! Mi grano gigantesco seguía allí ocho meses después. Me sentía como Rodolfo el Australiano de la Nariz Roja. Por fin, mi mamá me llevó al dermatólogo. Le pedí que me lo quitara, aunque requiriera cirugía amplia. Lo examinó con una gran lupa, como si no pudiera verlo, y dijo: "Hmm. No es un barro. Es una glándula sebácea inflamada." Agregó: "Lo puedo cortar o quemar, pero en cualquier caso te dejará una cicatriz más grande que este pequeño punto rojo."

¿Pequeño punto rojo?

"Es tan grande que no puedo ver más allá de él", protesté.

"¿Preferirías una cicatriz de por vida?", preguntó.

El no-barro gigante permaneció en mi nariz. Recé y me preocupé por un tiempo. Pero finalmente me di cuenta de que simplemente era una distracción, como mi falta de extremidades. *Si las personas no quieren hablar conmigo, es una pérdida para ellas,* decidí. Si pescaba a alguien viéndolo, hacía algún chiste al respecto. Cuando las personas notaron que podía reírme de mí mismo, se rieron conmigo y sintieron empatía. Después de todo, ¿a quién no le ha salido un barro? Hasta Brad Pitt tiene barros.

A veces, por algo que nosotros mismos hacemos, convertimos un problema pequeño en uno grande al tomarlo demasiado en serio. Tener un barro es parte del trato. Todos somos seres humanos perfectamente imperfectos —quizá algunos más que otros— pero todos tenemos defectos y carencias. Es importante no considerar cada verruga o arruga con demasiada seriedad, porque un día algo en verdad importante saldrá mal. ¿Y entonces qué harás?

VIDA SIN LÍMITES

Hay que estar preparado para reírse de los pequeños golpecitos en la cabeza y en la nariz que la vida nos dará. Se ha comprobado que la risa reduce el estrés al liberar hormonas de endorfina, relajante natural del cuerpo, y así fortalecer el sistema inmune, mejora el flujo sanguíneo e incrementa el oxígeno en el cerebro. No está mal, ¿o sí? Además, los estudios han demostrado que la risa te vuelve más atractivo. ¡Un beneficio doble!

20.
No te des por vencido

> Sean fuertes y valientes, no teman
> ni se asusten ante ellos, pues el SEÑOR su
> Dios, Él es quien los acompañará. Nunca
> los dejará ni los abandonará.
> DEUTERONOMIO 31: 6

Cuando le digo a mi público que espere días mejores, hablo por experiencia. Debes creerme y confiar en lo que digo, pues yo he estado ahí. En una época de mi vida perdí las esperanzas. Este punto bajo en mi niñez, en su mayor parte feliz, llegó cuando tenía alrededor de 10 años. Me abrumaron los pensamientos negativos. Sin importar qué tan optimista, decidido y creativo tratara de ser, había tareas que no podía realizar. Algunas eran simples actividades cotidianas. Realmente me molestaba, por ejemplo, no tomar un refresco del refrigerador como todos los demás niños. No me podía alimentar a mí mismo, y odiaba pedirle a otras personas que lo hicieran. Me incomodaba que interrumpieran sus comidas por ayudarme.

Otros problemas mayores me atormentaron durante ese periodo de mi vida. ¿Alguna vez encontraría una esposa que me amara? ¿Cómo podría mantenerla y mantener a nuestros niños? ¿Cómo protegerlos si estuvieran amenazados?

Creí averiguar el propósito de Dios al crearme: que yo fuera Su socio en un milagro para que el mundo reconociera que Él era real. Si Él me diera brazos y piernas, aparecería en la televisión nacional y todos podrían ver el poder de Dios.

Recé y le pregunté a Dios por qué no me daba lo que concedía a todos los demás. ¿Hice algo mal? *¿Por eso no contestas mis plegarias de tener brazos y piernas? ¿Por qué no me ayudas? ¿Por qué me haces sufrir?*

Dejé que mis preocupaciones y temores se apoderaran de mí. Todo lo malo que tenía cobró más peso que todo lo bueno. Perdí la esperanza. Créanme, la falta de esperanza es mucho peor que la carencia de extremidades. Si usted alguna vez ha experimentado pesar o depresión, sabe qué tan grave es la desesperanza. Más que nunca, me sentí enojado, dolido y confundido.

La mayoría de la gente tiene pensamientos de ese tipo. Quizá en algún momento te preguntaste si alguna vez tendrías una relación duradera, un trabajo estable o un lugar seguro para vivir. Es normal y saludable mirar hacia delante, pues así desarrollamos una previsión para nuestras vidas. El problema llega cuando los pensamientos negativos bloquean nuestra visión del futuro y nublan nuestras mentes. Rezo y me recuerdo a mí mismo la Palabra de Dios. A través de ella, me ayudo a saber que Él está conmigo. Nunca me deja. No se ha olvidado de mí.

VIDA SIN LÍMITES

Dios hará que incluso las peores cosas se junten para el bien. Conserva la fe en las promesas de Dios, sin importar lo que veas afuera. Dios es bueno. Y si permite que algo malo suceda, tal vez no lo entiendas, pero debes tener fe en Su bondad.

21.
Ahora lo veo

A su paso, Jesús vio a un hombre que
era ciego de nacimiento. Y sus discípulos
le preguntaron: "Rabí, para que este hombre
haya nacido ciego, ¿quién pecó, él o sus padres?"
Jesús respondió: "Ni él pecó, ni sus padres,
esto sucedió para que la obra de
Dios se hiciera evidente en su vida."

JUAN 9: 1-3

Durante la infancia, jamas imaginé que hubiera personas en peores circunstancias que las mías. Luego, alrededor de los 13 años, leí un artículo acerca de un hombre involucrado en un terrible accidente. Estaba paralizado, sin moverse ni hablar, y obligado a permanecer en cama el resto de su vida. No podía imaginar qué tan horrible sería eso.

Su historia me abrió los ojos y amplió mi visión. Me di cuenta de que, aunque mi falta de extremidades representaba muchos retos, tenía mucho que agradecer y había muchas posibilidades en mi vida.

Creer en nuestro propio destino brinda un gran poder. Mi despertar ante las posibilidades fue un proceso gradual. A los 15 años escuché la historia del hombre ciego desde su nacimiento en el evangelio de Juan. Cuando los discípulos lo vieron, preguntaron a Jesús quién había pecado para provocar que naciera así, el hombre o sus padres.

Era la misma pregunta que me hice a mí mismo. ¿Mis padres hicieron algo mal? ¿Yo hice algo mal? ¿Por qué razón había nacido sin brazos ni piernas?

Jesús respondió: "Ni este hombre ni sus padres pecaron. Nació ciego para que la obra de Dios se hiciera evidente en su vida."

Cuando el hombre ciego escuchó esta explicación, cambió su visión de la vida y de sus posibilidades. Puedes imaginarte cómo me identifiqué con esta historia en la adolescencia, cuando estaba tan consciente de ser diferente, de ser discapacitado y depender de los demás. De repente vi que yo no era una carga. No era deficiente. No me estaban castigando. Fui hecho a la medida para que el trabajo de Dios se manifestara en mí, ¡incluso si esto significaba que Él no me daría brazos y piernas!

Cuando leí ese verso de la Biblia, una ola de paz me recorrió. Me preguntaba por qué nací sin extremidades, pero ahora me daba cuenta de que la respuesta sólo la conocía Dios y nadie más, así como nadie sabía por qué ese hombre ciego nació con su discapacidad.

Esas palabras me proporcionaron fuerza y alegría. Por primera vez me di cuenta de que no tener extremidades no significaba que mi Creador me abandonaba. El hombre ciego fue sanado para cumplir Su propósito. Yo no fui sanado, pero mi propósito se reveló en su momento. Cuando era niño, yo no sabía que mi falta de extremidades me ayudaría a ofrecer mi mensaje de esperanza en tantas naciones y a tantas personas.

En la vida, no siempre recibirás de inmediato las respuestas que buscas. Debes caminar con la fe. Yo aprendí a confiar en las posibilidades para mi vida. Si yo puedo confiar, tú también lo harás.

VIDA SIN LÍMITES

Los momentos difíciles y los desánimos no son divertidos. No necesitas aparentar que los disfrutas. Pero no dudes en que hay mejores días por delante, que te permitirán una vida plena y con un propósito.

22.
Apaga los pensamientos oscuros

Vestíos de toda la armadura de Dios, para que
podáis estar firmes contra las asechanzas del
diablo. Porque no tenemos lucha contra sangre y
carne; sino contra principados,
potestades, contra gobernadores de las tinieblas
de esta época, contra malicias espirituales en los aires
celestiales.

EFESIOS 6: 11-12

Cuando cumplí 11 años, entré en la difícil etapa adolescente
en que se reprograman nuestros cerebros y químicos extraños
fluyen por nuestro cuerpo. Otros niños y niñas empezaban a
formar parejas; ello agravó mi creciente sensación de estar sepa-
rado de los otros. ¿Y qué chica va a querer un novio que no le
pueda dar la mano ni bailar con ella? Sin estar consciente de eso,
permití que estos pensamientos oscuros y sentimientos negativos se volvieran una carga creciente para mi espíritu. A menudo
se colaban en mi mente ya entrada la noche, cuando no podía
dormir o estaba cansado tras un largo día en la escuela. Tú co-
noces la sensación. Estás tan exhausto y desubicado que el mundo
entero parece una carga sobre tus hombros. Todos experimen-
tamos momentos de decaimiento, sobre todo cuando la falta de
sueño, una enfermedad y otros retos nos vuelven vulnerables.

Nadie está feliz y animado todo el tiempo. Los estados de
ánimo más sombríos son naturales. Cumplen un propósito también. De acuerdo con estudios psicológicos recientes, los estados
de ánimo más sombríos pueden evaluar su trabajo de manera

más crítica. Esta perspectiva ayuda cuando debes llevar la contabilidad de tu chequera, preparar tu declaración de impuestos o editar un documento. Si estás consciente de esto y controlas tus emociones, los pensamientos negativos tendrán consecuencias positivas. Sólo cuando tus emociones controlan tus acciones corres el riesgo de caer en espiral hacia la depresión y hacia comportamientos autodestructivos.

La clave está en negarse a que te abrumen o te dominen las emociones negativas o los sentimientos depresivos. Por fortuna, tienes el poder de ajustar tu actitud. Cuando registres pensamientos negativos, presiona el botón para apagarlos. Acepta que están ahí, pero enfócate en las soluciones, no en los problemas. Recuerdo que vi en una clase de Biblia una ilustración de la armadura entera de Dios, con la coraza de la rectitud, el cinturón de la verdad, el escudo de la fe, la espada del Espíritu y el casco de la salvación. Aprendí que eran todas las armas que un niño cristiano necesita. Yo veo la Palabra de Dios como una espada para luchar contra los pensamientos negativos. Tú también puedes utilizar el escudo de la fe para defenderte.

VIDA SIN LÍMITES

Si te sientes abrumado por estados de ánimo sombríos, no les hagas frente solo. Quienes te aman no sentirán que es una carga. Desean ayudarte. Si sientes que no puedes confiar en ellos, acude a consejeros profesionales en tu escuela, trabajo o comunidad. No estás solo.

23.
Tal y como eres

Lo que les digo en la oscuridad, díganlo
ustedes a plena luz; y lo que se les susurra
al oído, proclámenlo
desde las azoteas. Y no teman a los que
matan el cuerpo pues no pueden matar el alma. Teman
más bien al que puede destruir
alma y cuerpo en el infierno. ¿No se venden
dos gorriones por una monedita de cobre? Sin embargo,
ni uno de ellos caerá a tierra sin que lo permita
el Padre. Pero les tiene contados a ustedes
aun los cabellos de la cabeza. Así que no tengan miedo; ustedes
valen más que muchos gorriones.
MATEO 10: 27-31

De veras que soy un tipo de aspecto raro, pensé al mirarme fijamente en el espejo durante varios minutos tras un día en especial difícil. Me permití sumirme en el pesar y en lástima por mí mismo durante unos cinco minutos. Pero luego una voz que provenía de muy adentro dijo: *bueno, como dice tu mamá, te faltan algunas piezas, pero también tienes puntos buenos.*

Pensé: *Nombra uno. Te reto. Encuentra sólo una cosa. Eso será suficiente.*

Estudié mi reflejo un rato más y finalmente se me ocurrió algo positivo. *Las chicas me han dicho que tengo bonitos ojos. ¡Tengo eso, por lo menos! Y nadie puede cambiar eso de mí. Mis ojos nunca cambiarán, así que siempre tendré bonitos ojos.*

Cuando sientas que tu ánimo cae al suelo porque lo han lastimado, han abusado de ti o lo han menospreciado, ve al espejo y encuentra algo que te encante de ti mismo. No necesita ser una característica física. Puede ser un talento, una cualidad o algo más. Piensa en eso especial durante un rato. Da gracias y acepta que tu belleza y valor provienen de ser una persona única que así fue concebida.

No se vale salirse por la tangente y afirmar: *No tengo nada especial.* Somos muy duros con nosotros mismos, sobre todo cuando nos comparamos con otros. Veo esto en particular cuando hablo con grupos de adolescentes.

Y me aseguro de decirles: "Los amo tal y como son. Ustedes, para mí, son hermosos." La reacción a esas simples palabras por lo general es llanto contenido. Volteo y veo a una niña con la cabeza hacia abajo o a un chico que cubre su cara con las manos. Luego, poderosas emociones invaden su cuerpo como epidemia. Las lágrimas ruedan por las mejillas jóvenes. Los hombros se sacuden por el llanto. Las niñas se juntan y se abrazan. Ellos salen de la sala para ocultar sus rostros.

Tras mis discursos, hacen fila durante horas para abrazarme y compartir sus sentimientos. Ahora, soy un tipo lo suficientemente guapo, pero no es por eso que la gente hace fila por horas para abrazarme. Lo que en realidad los atrae es que desato un par de fuerzas poderosas que a muchas personas les hacen falta en su vida: *amor incondicional* y *autoaceptación.*

VIDA SIN LÍMITES

Cuando estés herido, construye paredes para evitar que te lastimen de nuevo, pero no puedes erigir una pared interior alrededor de tu corazón. Si te amas tal y como eres, con toda tu belleza natural interior y exterior, otros se sentirán atraídos y también verán tu belleza.

24.
Fuera de ti mismo

El hierro se afila con el hierro,
y el hombre en el trato con su amigo.
PROVERBIOS 27: 17

Cuando tenía 16 años, debía esperar una hora atrás de la escuela para que me llevaran a casa. La mayoría de los días me la pasaba ahí, platicando con otros niños o con el señor Arnold. No era el director y ni siquiera maestro, sino el intendente de la escuela. Pero el señor Arnold era una de esas personas que tienen brillo interior: estaba en paz consigo mismo, tan cómodo en sus overoles, que todo mundo lo respetaba y disfrutaba estar con él.

El señor Arnold era espiritual, sabio y a veces dirigía una discusión juvenil cristiana a la hora del almuerzo. Me invitaba a ir, aunque le dije que no estaba muy interesado en la religión. Pero me caía bien y empecé a asistir.

El señor Arnold nos animaba a hablar abiertamente acerca de nuestras vidas en esas juntas, pero durante tres meses me negué, alegando que "no tenía ninguna historia que contar."

Por fin acabó con mi resistencia y acepté hablar. Estaba tan nervioso que preparé tarjetas con apuntes. (Sí, era un nerd, lo sé.)

No trataba de impresionar a nadie. Sólo quería acabar de una vez, o al menos eso me decía a mí mismo. Una parte mía también quería mostrarle a los otros niños que tenía los mismos sentimientos, pesares y temores que ellos habían tenido.

Durante 10 minutos hablé acerca de crecer sin brazos ni piernas. Conté historias tristes y graciosas. Al no querer parecer víctima, hablé de mis victorias. También confesé que a veces sentía que Dios me había olvidado o que yo era un error. Expliqué cómo poco a poco entendí que quizá había un plan para mí, aunque todavía no lo entendía.

Me sentí tan aliviado de acabar la plática que me dieron ganas de llorar. Para mi sorpresa, quienes lloraban eran la mayoría de los chicos en el salón.

"¿Tan mal lo hice?", le pregunté al señor Arnold.

"No, Nick", me dijo. "Lo hiciste muy bien."

Al principio pensé que sólo era amable y los niños simulaban estar conmovidos. Después de todo, eran cristianos. Se supone que debían ser amables. Pero luego uno de ellos me invitó a hablar en su grupo para jóvenes. Otra invitación provino de alguien que quería que fuera a su escuela dominical. A lo largo de los siguientes dos años, recibí docenas de invitaciones para compartir mi historia con grupos eclesiásticos, organizaciones juveniles y clubes de servicio.

Evité a los grupos cristianos en la preparatoria porque no quería que me etiquetaran como el religioso y bondadoso hijo del predicador. Me portaba de manera agresiva y a veces decía groserías para ser aceptado como un joven normal. La verdad es que yo aún no me aceptaba.

Por supuesto, Dios tiene sentido del humor. Me atrapó para hablar con el grupo que evitaba, y ahí me reveló mi propósito en la vida. Demostró que incluso si yo no era perfecto, tenía riquezas para compartir y bendiciones para aligerar las cargas de los demás.

Esto mismo es cierto para ti. Compartimos nuestras imperfecciones. Necesitamos compartir los hermosos dones que nos han dado. Mira hacia tu interior. Hay una luz dentro de ti que espera la ocasión para brillar.

VIDA SIN LÍMITES

Mi mejor consejo para encontrar felicidad interior es buscar fuera de tí mismo, usar tus talentos, mente y personalidad para mejorar la vida de alguien más. Yo he recibido esto y no exagero cuando digo que me cambió la vida.

25.
Celebra qué te hace único

Porque tú formaste mis entrañas;
Tú me cubriste con el vientre de mi madre.
Te alabaré; porque fui formidable y maravillosamente
construido;
Maravillosas son tus obras,
Y mi alma lo sabe muy bien.
No fue encubierto de Ti mi cuerpo,
Cuando en oculto fui formado,
Y entretejido hábilmente en lo más profundo de la tierra.
SALMO 139: 13-15

Los humanos somos graciosos. Pasamos la mitad de nuestro tiempo intentando encajar en la multitud y la otra mitad tratando de destacar. ¿Por qué? Parece ser algo universal, parte de la naturaleza humana. ¿Por qué no estamos cómodos con nosotros mismos si somos creaciones de Dios para reflejar Su gloria?

Cuando era niño, me desesperaba no encajar entre los alumnos, como sucede a la mayoría. ¿Alguna vez has notado que incluso los adolescentes que desean ser diferentes, por lo general se juntan con quienes se visten, hablan y actúan exactamente igual que ellos? ¿Qué onda con eso, amigo? ¿Cómo puedes ser alguien que se sale de la norma si todos tus amigos usan la misma ropa negra, el mismo barniz de uñas negro, el mismo lápiz labial negro y el mismo delineador de ojos negro? ¿Esto no te convierte más bien en alguien dentro del grupo?

Los tatuajes y las perforaciones eran una declaración de férreo individualismo. Ahora, esas mamás que llevan a sus hijos a clase de futbol, las que uno se encuentra en el supermercado, tienen tatuajes y perforaciones. Debe haber una mejor manera de celebrar su individualidad que seguir las modas y tendencias de cada mamá en el centro comercial.

He adoptado una actitud que a lo mejor te sirve. He decidido que mi belleza reside en mis diferencias, en que no soy como todos los demás. Soy único. Nadie jamás dirá que soy promedio o "sólo un tipo más". Quizá no sobresalga por mi estatura entre una multitud, pero en definitiva destaco.

Esta actitud me ha funcionado bien, porque a veces atraigo reacciones extrañas de niños y adultos cuando me ven por primera vez. Cuando me siento juguetón saco provecho de ser único. Me encanta pasear por centros comerciales con primos y amigos. Un día, hace unos años, estábamos en uno de esos lugares cuando vimos un aparador con ropa interior Bonds, versión australiana de Hanes o Jockey, marca que existe desde hace mucho tiempo.

El maniquí masculino exhibía un par de trusas blancas de la marca Bonds. Tenía un cuerpo justo como el mío: con cabeza y torso, sin extremidades, pero con un atractivo abdomen marcado. Yo por casualidad traía mis propios calzoncillos marca Bonds, así que mis primos y yo decidimos que yo podría funcionar como modelo en el aparador. Me subieron al área de exhibición y me acomodé junto al maniquí. Cuando los que miraban el aparador me volteaban a ver, hacía gestos, sonreía, guiñaba, hacía una caravana, ¡lo que les causaba total asombro y horror! Por supuesto, esta bromita causó risa desmedida a mis compañeros, quienes veían esto desde afuera. Después dijeron que si no me iba bien como orador, siempre podría encontrar trabajo como maniquí.

VIDA SIN LÍMITES

Incluso si no siempre has sido apreciado por ser diferente, agradece a Dios por Su divina creación: Tú. Pídele que te muestre cómo lo que lo hace único puede ayudar a los demás o para cubrirlo a Él de gloria.

26.
Aprende del fracaso

SEÑOR, yo clamo a ti:
Dije: "Tú eres mi única esperanza;
eres todo lo que tengo en esta vida.
¡Atiende mi queja, porque estoy desesperado!
Líbrame de los que me persiguen,
pues en fuerzas me superan.
Líbrame de la angustia que me oprime,
y así podré alabar Tu nombre;
Así me rodearán los hombres honrados
al ver que me has tratado con bondad."
SALMO 142: 5-7

Podemos responder a la pérdida o al fracaso con desesperación y rendirnos, o hacer que la pérdida o el fracaso sean experiencias de aprendizaje y motivación para mejorar. Un amigo mío es instructor en un gimnasio, y lo he escuchado decir a sus clientes mientras levantan pesas: "Sigan hasta que fracasen." Eso no parece animar, ¿cierto? Pero la teoría es que necesita levantar pesas hasta que sus músculos queden exhaustos. La siguiente vez, intentará exceder ese límite y desarrollar mayor fuerza.

Una de las claves para el éxito en cualquier deporte, también en su trabajo, es la práctica. Yo creo que la práctica es fracasar hasta lograr éxito, y te puedo dar un ejemplo perfecto que nos involucran a mí y a mi teléfono celular. Quizá pienses que es un gran invento, pero para mí es un regalo del cielo: un aparato único que un tipo sin brazos ni piernas utiliza para hablar por teléfono, mandar correos electrónicos y mensajes de texto, escuchar música, grabar sermones y memorándums, y mantenerse al tanto del clima y de los sucesos mundiales, si lo golpeo con los dedos de mi pie.

El teléfono inteligente no está perfectamente diseñado para mí, ¡pues mi única parte que puede usar la pantalla digital está muy lejos de la parte que puede hablar! Descubrí la manera de colocar mi teléfono celular cerca de mi boca tras marcar con el pie. El método que inventé le da un nuevo significado al término teléfono plegable que gira y ofrece una lección que deja moretones y ejemplifica que el fracaso interviene en la búsqueda del éxito. Logro que mi pequeño pie mande el teléfono hacia mi hombro, donde lo atrapo con mi barbilla para hablar. Durante esta etapa de prueba y error, fracasé muchas veces. Mi rostro tenía tantos moretones golpeado por el teléfono como si alguien me hubiera pegado con una bolsa de monedas.

No diré cuántas veces me pegué en la cabeza o la nariz con mi celular, ni cuántos celulares murieron antes de dominar esta tarea. Pero valió la pena aceptar algunos golpes y remplazar algunos celulares. Lo que evité fue rendirme.

Cada vez que el celular me daba en la cara, me sentía más y más motivado para dominar la hazaña, ¡y lo hice! Por supuesto, por culpa del destino, poco después de que me hice un maestro en esta habilidad, el mundo de la tecnología lanzó los audífonos Bluetooth que descansan en la oreja. Ahora mi famoso giro de teléfono celular es como una reliquia de la tecnología del pasado. De vez en cuando lo hago para entretener a mis amigos cuando están aburridos.

VIDA SIN LÍMITES

No debe darte vergüenza fallar, fracasar, hacer algo mal o echarlo a perder. Sólo es una vergüenza no aprovechar tus fallas y errores para intentarlo con más intensidad y mantenerte en el juego.

27.
Busca apoyo

Más valen dos que uno,
porque obtienen más fruto de su esfuerzo;
Si caen, el uno levanta al otro.
¡Ay del que cae
y no tiene quien lo levante!
si dos se acuestan juntos, entrarán en calor.
Uno solo, ¿cómo va a calentarse?
Uno solo puede ser vencido,
pero dos pueden resistir.
La cuerda de tres hilos
no se rompe fácilmente.
ECLESIASTÉS 4: 0-12 NVI

Tener un fuerte propósito, grandes esperanzas, fe perdurable, amor por uno mismo, actitud positiva, falta de miedo, resistencia y dominio sobre el cambio te ayudarán mucho, pero nadie logra sus objetivos solo. Sinceramente, valoro mi habilidad de cuidarme. Trabajé mucho para ser lo más independiente que fuera posible. Pero todavía dependo de la gente que me rodea, como todos en buena medida

Con frecuencia me preguntan: "¿No es difícil depender tanto de los demás?" Mi respuesta es: "Tú dímelo." Ya sea que lo reconozcas o no, depende de quienes te rodean casi tanto como yo. Necesito ayuda en algunas tareas, pero nadie en este mundo tiene éxito sin beneficiarse de la inteligencia, la bondad o la ayuda de alguien más.

Jesús, el Hijo de Dios, rara vez caminó solo por esta tierra. Generalmente iba en compañía de uno o más de sus discípulos. Tú jamás sientas que debes actuar solo. Pedir ayuda no indica debilidad; es señal de fuerza. Todos necesitamos alguien que nos cuide, con quien compartir ideas, que nos dé consejos sinceros o nos anime.

Necesitas ser humilde para pedir ayuda de los demás, un cuidador, mentor, modelo a seguir o miembro de la familia. Cuando alguien es humilde y pide ayuda, la mayoría de la gente brinda su presencia y su tiempo. Si tú crees tener todas las respuestas y que no necesitas a nadie, es menos probable que obtengas apoyo.

Todos necesitamos apoyo, debemos interactuar con almas afines. Para hacer eso de manera eficaz, debemos construir confianza y demostrar que somos confiables. Debemos entender que la mayoría de la gente por instinto protege sus propios intereses, pero si tú te interesas por ella, la mayoría hará lo mismo por ti.

VIDA SIN LÍMITES

La calidad de tus relaciones tiene un enorme impacto en tu calidad de vida, así que trátalas como algo preciado. No las descuides.

28.
Otro día, otra oportunidad

El amor sea sin hipocresía. Aborrezca
lo malo. Aférrese a lo bueno. Sean afectuosos unos
con otros con amor fraternal; con honra, den preferencia
unos a otros; no sean perezosos en lo que requiere diligencia;
sean fervientes en espíritu, sirviendo al Señor; gozando la
esperanza,
perseverando en el sufrimiento,
dedicados a la oración; contribuyendo para las
necesidades de los santos, practicando la hospitalidad.
ROMANOS 12: 9-13

Para perseguir tus sueños debes actuar. Muévete o pierde tu oportunidad. Actúa o la gente lo hará sobre ti. Si no tienes lo que deseas, piensa en crearlo. Dios iluminará el camino. Tu oportunidad única en la vida, la puerta rumbo a tus sueños, está abierta. Tu camino hacia un propósito puede aparecer en cualquier momento.

Incluso tras construir un propósito poderoso y desarrollar grandes reservas de esperanza, fe, autoestima, actitudes positivas, valor, resistencia, adaptabilidad y buenas relaciones, no puedes sentarte a esperar una oportunidad. Necesitas agarrar cada hilo y tejer una cuerda para trepar. A veces incluso verás que la piedra que bloqueó tu paso también dejó una apertura que te llevará a un lugar más elevado, pero debes tener valor y determinación para ascender.

Uno de nuestros lemas en Life Without Limbs (Vida Sin Extremidades) es: "Otro día, otra oportunidad." No sólo está enmarcado en la pared, tratamos de vivirlo cada día. La doctora Cara Barker, psicóloga y guía del liderazgo, destacó esto cuando escribió en un blog del Huffington Post: "Nick Vujicic demuestra que es posible despertar el corazón e inspirar a los demás a través de una situación que casi todos en esta Tierra considerarían debilitante. Vujicic es un héroe y encuentra oportunidades donde la mayoría se toparía con un callejón sin salida."

Sus palabras me honran. Mientras crecía, no imaginaba que alguien pudiera considerarme un héroe o una inspiración para alguien. Desde niño me di cuenta de que enojarme por lo que no tenía o no podía hacer, alejaba a la gente de mí; pero cuando buscaba oportunidades de servir a los demás, atraía a las personas. He aprendido a no esperar, sino a empujar hacia delante y crear mis propias oportunidades, puesto que una siempre lleva a otra. Cada vez que doy un discurso, acudo a una reunión o visito una nueva parte del mundo, conozco gente, aprendo sobre nuevas organizaciones y obtengo información que más adelante me abre nuevas oportunidades.

VIDA SIN LÍMITES

Desarrolla normas y criterios estrictos para evaluar en qué inviertes tu tiempo y energía. Basa tus decisiones no en lo que te parezca bien de momento, sino en lo que convenga para alcanzar tus metas finales. Obtendrás recompensas o pagarás el precio de tus propias decisiones, así que elige con cuidado.

29.
Ten cuidado,
¡y luego da el salto!

No se engañen: Dios no puede ser burlado;
que todo lo que el hombre siembre, eso también segará.
Porque el que siembra para su carne, de la carne
segará corrupción; mas el que siembra
para el Espíritu, del Espíritu segará vida eterna.
No nos cansemos, pues, de hacer bien,
que a su tiempo segaremos, si no
hubiéramos desmayado. Así que, mientras
tenemos tiempo, hagamos bien a todos,
y mayormente a los domésticos de la fe.
GÁLATAS 6: 7-10

Uno de los más grandes errores al principio de mi carrera como orador fue aceptar una invitación para dirigirme a un público adulto antes de prepararme de verdad. No es que no tuviera nada que decir; simplemente no organicé mi material ni afiné mi presentación. Como consecuencia, me faltó seguridad en mí mismo. Tartamudeé y titubeé a lo largo del discurso. La gente fue bondadosa conmigo, pero lo hice mal. Aprendí de esa experiencia, me recuperé y acepté que sólo debo participar cuando esté plenamente preparado para hacerlo. Eso no significa que no aproveches una oferta o una opción que te obligue a crecer. A veces estamos más preparados de lo que creemos, de modo que Dios nos da un empujoncito para enfrentar la situación y dar un paso gigante rumbo a nuestros sueños.

Necesitas evaluar tus opciones y considerar con cuidado cuáles peldaños te guiarán hacia tus metas y cuáles provocarán que resbales y caigas. Tendrás oportunidades que te permitirán cumplir metas a corto plazo, pero no armonicen con tus objetivos a largo plazo. Tus decisiones de hoy te perseguirán mañana.

Con frecuencia, las personas esteblecen relaciones sin considerar si la otra persona las beneficiará a largo plazo. Así, necesitas evaluar cuidadosamente qué cosas o acciones lo atormentarán; recuerda que lo mismo sucede en nuestras vidas al evaluar las oportunidades que nos llegan. Todas tienen consecuencias a largo plazo que te ayudan o dañan. Los beneficios a corto plazo pueden parecer maravillosos, ¿pero cuáles serán las repercusiones a largo plazo?

VIDA SIN LÍMITES

Da un paso hacia atrás y mira la escena completa. Recuerda, con frecuencia se te presentan pruebas, pero la vida en sí no es una prueba. Es algo real. Tus decisiones de cada día tienen un impacto sobre tu vida entera. Evalúa con cuidado, y luego revisa con tu instinto y tu corazón. Si tu instinto te dice que algo es mala idea, escúchalo. Pero si tu corazón te dice que aproveches una oportunidad (que armoniza con tus valores y metas a largo plazo), ¡da el salto! Todavía a veces una oferta me enchina la piel y me emociono tanto que quiero echarme un clavado directamente hacia ella. Pero entonces necesito jalar aire y rezar para que la sabiduría necesaria me lleve a la decisión correcta.

30.
Construye tu propia oportunidad

¡Más vale adquirir sabiduría que oro!
Y más vale adquirir inteligencia que plata.
El camino del hombre recto evita el mal;
el que quiere salvar su vida cuida su alma.
Al orgullo le sigue la destrucción,
a la altanería, el fracaso.
Vale más humillarse con los oprimidos
que compartir el botín con los orgullosos.
El que atiende a la palabra, prospera.
Dichoso el que confía en el Señor.
Al sabio de corazón se le llama prudente;
los labios convincentes promueven el saber.
Fuente de vida es la prudencia para quien la posee.
Mas el castigo de los necios es su propia necedad.
PROVERBIOS 16: 16-22

Si te preparas de la mejor manera posible y no se te abren puertas, quizá necesitas reposicionarte a tí mismo y reubicar tus talentos. Si tu sueño es ser un campeón del surf, es probable que no encuentres olas grandes en Alaska, ¿correcto? A veces deberás moverte para hallar tu oportunidad. Hace varios años me di cuenta de que si quería un público internacional como orador, necesitaba mudarme de la remota Australia a Estados Unidos donde tendría más opciones y un mayor escenario. Incluso tras venir a Estados Unidos, trabajé para crear mis propias oportunidades. Una de mis mejores acciones fue interactuar con otros que compartían mi pasión por inspirar a los demás. Los estudios han demostrado que la mayoría de las personas descubre oportunidades de trabajo mediante sus redes profesionales de amigos y colegas. Al igual que con otras oportunidades, tú te enteras de ellas gracias a comentarios y no por otras fuentes. Busca amor, empleo, crea tus propias oportunidades con grupos profesionales, clubes locales, la Cámara de Comercio, la Iglesia, personas que realicen obras de caridad o una organización que preste servicios. Internet también crea conexiones útiles gracias a redes sociales. Mientras más grande sea tu círculo, mayor será tu oportunidad de encontrar una puerta abierta para realizar tu sueño.

No te limites a esos individuos, organizaciones y páginas web relacionadas con tu campo de interés. Todo mundo conoce a alguien que conoce a alguien. Así que tu objetivo es cualquiera que sienta pasión y compromiso por un sueño, incluso si difiere del tuyo.

Por otro lado, si estás con una multitud que no comparte tus sueños ni se compromete por mejorar su vida, consíguete un nuevo grupo de amigos.

Si no atraes las ofertas y opciones deseadas, quizá necesites un plano más alto a través de la formación académica. Si no ingresas a una universidad, prueba un colegio comunitario o una escuela vocacional. Hay más becas y programas de apoyo financiero de los que te imaginas, así que no te desanimes por el costo. Y si ya tienes título, quizá desees uno mejor, hacer una maestría o un doctorado, o unirte a una organización profesional, comunidad en línea o foros de Internet y espacios para chatear con personas de tu mismo campo.

VIDA SIN LÍMITES

Si no te llegan oportunidades, necesitas ir adonde puedan encontrarte o tú a ellas.

31.
Encuentra una opción creativa

Vagaron por el desierto,
por un lugar desolado,
no hallaron camino a ciudad habitada.
Hambrientos y sedientos,
su alma desfallecía en ellos.
Entonces en su angustia clamaron a DIOS.
Él los libró de sus aflicciones;
los guió por camino recto
para que fueran a una ciudad habitada.
Den gracias a DIOS por su misericordia
y por sus maravillas para con los hijos que ama.
Él ha saciado gargantas sedientas;
y ha llenado de bienes al alma hambrienta.
SALMO 107: 4-9, El Mensaje

Albert Einstein dijo que en cada dificultad reside una oportunidad. La recesión dejó a millones de personas sin empleo. Muchos otros perdieron hogares y ahorros. ¿Qué cosas buenas pueden surgir de tiempos difíciles?

Entre las principales empresas creadas durante recesiones y depresiones están Hewlett-Packard, Wrigley, UPS, Microsoft, Symantec, Toys "R" Us, Zippo y Domino's Pizza. Sus fundadores buscaron nuevas y mejores maneras de atender a los clientes, porque los modelos previos fracasaron durante épocas con problemas económicos. Aprovecharon el momento para crear sus propios negocios.

Sin duda, la recesión de 2006-2009 impactó de modo profundo y perdurable a muchos negocios y familias. Pero personas hechas a un lado por corporaciones y empresas para las que trabajaron mucho tiempo, iniciaron sus propios negocios, regresaron a la escuela para conseguir mejores títulos o perseguir su pasión en la vida: abrir una panadería, iniciar un servicio de jardinería, formar un grupo musical o escribir un libro.

Entre los recortados o despedidos durante la recesión había miles de periodistas. La crisis económica golpeó en especial esa industria, justo cuando los periódicos en el mundo entero perdían sus lucrativas entradas por anuncios clasificados debido a servicios en línea como Craigslist. Ha sido interesante cómo respondieron periodistas veteranos orgullosos de su ingenio y creatividad. Muchos han emprendido carreras en relaciones públicas, con organizaciones sin fines de lucro y con medios en línea o blogs.

Uno de mis favoritos es el antiguo editor que dejó su periódico en California, cada vez más pequeño, para convertirse en vicepresidente de una empresa especialista en manejo de crisis que desarrolla "comunicaciones de bancarrota" para otros negocios en declive. Ésta es la filosofía de "si la vida te da limones, haz para limonada": cambiar su enfoque mediante una solución creativa y no quejarse del problema. Requiere ser flexible, empeñarse y convertir una situación negativa en positiva.

VIDA SIN LÍMITES

Se trata de cambiar el enfoque. Yo lo hago siempre ante un obstáculo en mi calendario, al recordarme: "Dios no pierde su tiempo, así que tampoco desperdicia el mío." En otras palabras, todo es para bien. Sinceramente lo creo, y tú deberías creerlo también. Cuando confíes en esa filosofía, aguarda. Yo la he comprobado una y otra vez.

32.
El regalo oculto

He aprendido a estar satisfecho en cualquier
situación en que me encuentre. Sé lo que es vivir
en la pobreza, y lo que es vivir en la abundancia.
He aprendido a vivir en todas y cada una
de las circunstancias, tanto a quedar saciado
como a pasar hambre, a tener de sobra
como a sufrir escasez. Todo lo puedo en Él,
que me fortalece.
FILIPENSES 4: 11-13

Hace algunos años volaba con mi cuidador hacia el otro lado del
país. En un aeropuerto, nuestro vuelo se retrasó (nada sorprendente), y cuando por fin nos alejamos de la puerta de salida, de
nuevo en el avión, miré por la ventana humo en un motor.

Un camión llegó a toda velocidad. Los bomberos saltaron
y apagaron las llamas con espuma. "Debido a un pequeño incendio del motor", nos dijo el piloto, "realizaremos una evacua-
ción de emergencia de este avión."

Bueno, ni hablar, pensé. Que hubiera fuego en el motor no
era bueno, pero estar en tierra durante el "pequeño incendio"
fue favorable. Cuando se anunció que nuestro vuelo se retrasa-
ría dos horas, muchos pasajeros se quejaron amargamente. Yo
me sentía molesto, pero contento de ahorrarnos una posible
emergencia en mitad del vuelo, o al menos eso me dije a mí
mismo.

Sin embargo, me esforcé un poco por seguir positivo dado
que teníamos un horario complicado. *Recuerda, Dios no pierde
el tiempo*, me dije a mí mismo. Y luego llegó otro aviso: habían
puesto otro avión en otra puerta para llevarnos a nuestro destino. ¡Buenas noticias!

Nos apuramos, subimos a otro avión y esperamos el vuelo. Sentí alivio pero la mujer junto a mí lloraba con discreción.

"¿Hay algo en lo que pueda ayudarla?", pregunté.

Me explicó que iba a visitar a su hija de 15 años, en peligro de morir, pues una cirugía rutinaria había salido mal. Traté de reconfortar a la madre. Platicamos durante casi todo el vuelo. Incluso la hice sonreír cuando me dijo que los aviones la ponían nerviosa.

"Puede tomar mi mano si gusta", le dije, bromeando.

Cuando aterrizamos en nuestro destino, me agradeció que la hubiera reconfortado. Le dije que yo estaba satisfecho por sentarme junto a ella en el avión después de tantos retrasos y un cambio de puerta.

Dios no había desperdiciado mi tiempo ese día. Él sabía lo que hacía. Me puso junto a esa mujer para ayudarle con su miedo y su pesar. Mientras más pienso en ese día, más agradecido estoy por la oportunidad de prestar a esa mujer un oído compasivo.

VIDA SIN LÍMITES

La próxima vez que algo imprevisto retrase tus planes, no lo interpretes como una interrupción. Por el contrario, busca el regalo oculto: que sea una bendición para ti o alguien que te rodea. ¡Está disponible para que Dios te utilice cuando Él lo necesite!

33.
Alcanza y estírate

Quitadle mil y dadlo a quien
arriesgó más. Y al siervo inútil
echadle en las tinieblas de afuera.
MATEO 25: 28-30, El Mensaje

Aprendí a mitigar riesgos estudiando planeación financiera y economía en la universidad. En el mundo de los negocios, al igual que en la vida, por lo general se consideran inevitables los riesgos, pero pueden manejarse midiendo la profundidad del lodo antes de adentrarse, sin importar en qué clase de lodo te metas.

Hay dos tipos de riesgo en la vida: el peligro de intentar y el de no hacerlo. Es decir, siempre hay riesgo, sin importar cómo lo evites o te protejas. Digamos que te interesa salir con alguien. Es como un volado llamar a la persona e invitarla a salir. Lo puede rechazar. Pero, ¿y si no lo intentas? Después de todo, esa persona maravillosa podría aceptar. Podrían llevarse bien y vivir felices para siempre. Recuerda que no tienes posibilidad de vivir feliz para siempre con ella a menos que te arriesgues. ¿Acaso no vale la pena una posible caída, amigo?

De vez en cuando perderás o fracasarás. ¡Pero la gloria reside en levantarse una y otra vez hacia el éxito!

Para vivir, debes alcanzar y estirarte. Para vivir bien, conocer los pros y contras antes de tomar una decisión. No puedes controlar todo lo que suceda a tu alrededor, así que enfócate en lo que sí puedes controlar, analiza cada posibilidad y luego toma una decisión.

A veces tu corazón y tu instinto te dirán que te arriesgues, incluso cuando las probabilidades de éxito parecen escasas desde el punto de vista racional. Puedes fallar. Puedes ganar. Pero dudo que te arrepientas de intentarlo. Me considero empresario además de orador y evangelizador. Me involucré en varios negocios y proyectos de bienes raíces a lo largo de los años. Leí muchos libros sobre empresarios, y siempre hay una sección sobre los riesgos. A pesar de la imagen de que los empresarios toman muchos riesgos, los exitosos no son buenos a la hora de enfrentar riesgos; son buenos para controlarlos y minimizarlos y luego seguir adelante, incluso cuando quedan algunos.

VIDA SIN LÍMITES

Si tú no estás dispuesto a correr riesgos ni te atreves a que te consideren loco quienes dudan de que seas un genio, nunca lograrás lo que sueñas. Por tu bien y por el bien del planeta, anímate a ser juguetón. No olvides reírte de ti mismo y suéltate el pelo de vez en cuando para disfrutar el recorrido. Y además, ¡no olvides ser un poco ridículo de vez en cuando!

34.
Levántate una vez más

He aquí, todos los que se enojan contra ti
serán avergonzados y humillados;
los que contienden contigo serán como nada y perecerán.
Buscarás a los que riñen contigo,
pero no los hallarás;
serán como nada,
como si no existieran, los que te hacen guerra.
Porque yo soy el SEÑOR tu Dios,
que sostiene tu diestra,
que te dice: "No temas, yo te ayudaré."
ISAÍAS 41: 11-13

A veces, justo cuando la vida parece sonreírte y corre a toda velocidad, surge un gran tope en tu camino y. . . ¡pum! Lo siguiente es tu familia y amigos alrededor de tu cama. Acarician tu cabello, dan golpecitos en el hombro y te dicen que todo estará bien.

¿Alguna vez te ha pasado a ti? Quizá así estés ahora, boca arriba y como lo indica un antiguo *blues*: "Me la he pasado caído tanto tiempo que ya hasta me parece que me va bien."

Estoy bastante familiarizado con esa sensación. De hecho, en mis discursos con frecuencia animo al público a hacer lo que sea para luchar contra la adversidad y le demuestro mi método para levantarme sin brazos ni piernas: me dejo caer boca abajo y aplico mi movimiento patentado en que me apoyo en la frente y gateo hasta volver a una posición erguida. Luego digo al público que incluso cuando parece que no hay otro camino, siempre lo hay. He desarrollado cuello, hombros y pecho fuertes tras años de levantarme así del suelo. Hay veces, sin embargo, en que me cuesta trabajo recuperarme de algún revés. Un problema financiero, un empleo perdido, una relación rota o la pérdida de un ser amado pueden ser difíciles de afrontar para cualquiera. Incluso un reto relativamente pequeño parece devastador si tú ya estás herido o vulnerable. Si notas que te cuesta más trabajo que de costumbre, el plan de recuperación que recomiendo es apoyarte con gratitud en quienes te aprecian; tenerle paciencia a tus sentimientos tiernos; hacer tu mejor esfuerzo por entender las realidades, aceptar que son más relevantes que las emociones en juego y tener fe en su acción. Aunque pueda parecer difícil, avanza un paso cada vez, día tras día; aprenderás lecciones valiosas y ganarás fuerza con cada dificultad.

Sugiero un proceso de tres pasos para lograrlo. Primero ajusta tus emociones de modo que no te manejen a ti. Con ello controlarás tu vida y responderás de manera consciente, un paso a la vez. Lo segundo, recordar que encaraste la adversidad en el pasado y obtuviste mayor fuerza y sabiduría con esa experiencia. Lo tercero, no sólo buscar ayuda de los demás, sino también brindarla. Tanto recibir como dar tienen poder curativo.

VIDA SIN LÍMITES

Obtén paz al saber que existe un plan maestro para tu vida; y que tu valor, propósito y destino no los determinan lo que te suceda, sino la forma en que tú respondas a ello.

35.
Manejo del colapso

El escarnio ha quebrantado mi corazón,
y estoy acongojado.
Esperé a alguien que se compadeciese de mí,
y no lo hubo;
y consoladores, y ninguno hallé.
Me pusieron además hiel por comida,
y en mi sed me dieron a beber vinagre.
SALMO 69: 20-21

En diciembre de 2010 me topé con una pared. Tuve un colapso que me dejó tambaleando, durante más tiempo que en ninguna otra ocasión en mi vida adulta. Aunque no desseo a nadie tiempos duros, los colapsos importantes son parte de la vida. Creo que las épocas difíciles me enseñan cosas importantes acerca de mí mismo, como la fuerza de mi carácter y la profundidad de mi fe. Tú habrás experimentado tus propios colapsos, y aprendiste lecciones. Las crisis personales, laborales o financieras son comunes y es difícil recuperarse de ellas en lo emocional. Pero si las ves como oportunidad para aprender y crecer, te recuperarás más rápido y tendrás más fuerza que antes.

Si tu pesar no cesa en tiempo razonable, o te deprime durante largos periodos, solicita ayuda a alguien en quien confíes o a un especialista. Algunos traumas emocionales requieren ayuda profesional. No debe darte vergüenza el cuidado de expertos. Millones de personas han aliviado así su depresión.

La tristeza, la desesperación y el pesar que paralizan, traídos por tiempos difíciles o tragedias, atacan a cualquiera. Sucesos inesperados y tensiones nos abruman y dejan emocionalmente golpeados, maltratados. Es importante no aislarse en estas situaciones. Permite que tu familia y amigos te consuelen. Sé paciente con ellos y contigo mismo.

Sanar toma tiempo. Pocas personas eluden esto, así que no sucederá. Necesitas trabajar para sanar. No es un proceso pasivo. Debes mover el apagador y utilizar cualquier poder dentro de ti, incluyendo tu fuerza de voluntad y el poder de tu fe.

Quisiera decirte que mi colapso desapareció tan rápido como llegó, que una mañana me desperté con cabeza clara y espíritu renovado, que salté de la cama y anuncié: "¡Estoy de vueeelta!" Lo siento, no fue lo que pasó, y si tú atraviesas por un periodo difícil, quizá tampoco escapes de él rápidamente. Sólo sabe que vienen mejores días y eso también terminará.

VIDA SIN LÍMITES

Tu regreso a la normalidad, como el mío, puede darse en pequeños pasos, día tras día, a lo largo de semanas o meses. Espero que el tuyo sea rápido, pero revivir poco a poco trae beneficios. Conforme se levanta la neblina del pesar, darás gracias por cada rayo de luz que entra.

36.
Regresa a la realidad

Por tanto, no refrenaré mi boca;
hablaré en la angustia de mi espíritu;
y me quejaré con la amargura de mi alma.
¿Soy yo el mar, o un monstruo marino,
para que me pongas guarda?
Cuando digo: me consolará mi lecho,
mi cama atenuará mis quejas;
entonces me asustas con sueños,
y me aterras con visiones.
Y así mi alma tuvo por mejor la estrangulación,
y quiso la muerte más que mis huesos.
Abomino de mi vida;
no he de vivir para siempre;
Déjame, pues,
porque mis días son vanidad.

JOB 7: 11-16

Durante mi colapso experimenté algo que tú pudiste notar frente a tus propios retos. Conforme la tensión abría viejas heridas e inseguridades, mi percepción de lo que pasaba se volvió mucho peor que la situación. Una pista de que tu respuesta no corresponde a la realidad son descripciones exageradas como éstas:

"Esto me está matando."

"¡Jamás me recuperaré de esto!"

"Esto es definitivamente lo peor que me ha sucedido."

"¿Por qué me odia Dios?"

Y la siempre popular: "Mi vida está acabada. ¡Para siempre!"

No he dicho alguna de estas frases ante mis problemas, pero algunas personas cercanas quizá hayan escuchado quejas similares. ¡O peores!

Es un honor proporcionarte una muestra de un mal ejemplo de mi propio comportamiento. Utilizar lenguaje tan exagerado debió advertirme que mi desesperación era excesiva.

Éstas eran mis percepciones de lo que sucedía: ¡Soy un fracaso! ¡Voy a estar en bancarrota! ¡Se han cumplido mis peores temores! ¡No podré mantenerme a mí mismo! ¡Soy una carga para mis padres! ¡No merezco amor!

He aquí la realidad de lo que sucedía: mi negocio experimentaba un problema temporal de flujo de dinero durante un periodo de recesión económica. Teníamos 50 000 dólares en números rojos. Eso no era bueno, pero en definitiva no era un déficit avasallador, dado el potencial para crecer ante la demanda global de nuestros productos y servicios. Yo estudié contaduría y planeación financiera en la universidad, y la economía era parte del temario. Yo sabía de la oferta y la demanda, el flujo de dinero, pero todo se nubló ante lo que sentía.

VIDA SIN LÍMITES

Tú pudiste experimentar una sensación similar, sentirte del todo abrumado, incluso cuando la situación real no era tan devastadora. Nuestros sentimientos obstaculizan nuestra visión, y en medio del pesar será muy difícil ver las cosas de modo realista.

37.
Aprende de las pérdidas

A causa de la multitud de opresiones claman los hombres;
gritan a causa del brazo de los poderosos.
Pero ninguno dice: "¿Dónde está Dios mi Hacedor,
que inspira cánticos en la noche,
que nos enseña más que a las bestias de la tierra,
y nos hace más sabios que las aves de los cielos?"
JOB 35: 9-11, El mensaje

Una vez que mi cabeza se libró de los pensamientos de autoderrota (que imaginé durante mi crisis), di gracias por el tiempo para reflexionar y contemplar mi caída hacia el abismo.

Examiné mis acciones y su impacto sobre mi vida. Me di cuenta de que me exigía mucho a mí mismo porque pensaba que el éxito dependía de mí. En realidad, debí confiar en Dios, en su fuerza, su voluntad y sus tiempos. Debí poner mi fe en acción.

Los momentos que prueban su fe pueden ser los mejores para renovarla y ponerla en acción. Un sabio entrenador de futbol soccer me dijo que valora perder tanto como ganar, porque perder revela debilidades y fallas que quizá siempre estuvieron ahí y deben corregirse para tener éxito duradero. Las pérdidas también motivan a los jugadores para desarrollar habilidades necesarias para ganar.

Cuando nos va bien en la vida, con frecuencia no la evaluamos. La mayoría sólo examinamos nuestras vidas, carreras y relaciones cuando no obtenemos los resultados deseados. Cada dificultad, fracaso y derrota brinda valiosas lecciones para aprender y hasta se descubren bendiciones. En los días iniciales de mi pesar, no tenía ánimo para buscar lecciones. Sin embargo, al paso del tiempo, ellas me encontraron a mí, y las bendiciones también se revelaron. No reflexiono sobre esa etapa, pero la recuerdo, porque emergen más lecciones con cada recuerdo. Te animo a mirar lo que aprendiste con tus propios retos. Puedes tener la tentación de dejar atrás los malos tiempos y alejarlos de tu mente. A nadie le gusta sentirse vulnerable. En definitiva no es divertido recordar cómo me sumergí en mi infelicidad, me di lástima a mí mismo y reaccioné de manera excesiva ante una dificultad temporal.

Y sin embargo, una de las mejores maneras de eliminar dolor de las experiencias es reemplazar el dolor con gratitud. Mis primos lo expresan a su manera cuando dicen: "Güey, ¡todo está chido!"

VIDA SIN LÍMITES

Sobra decir que poner tu fe en acción no es un ejercicio pasivo. De manera activa y con tu voluntad debes dar los pasos necesarios para localizar el camino que Dios te diseñó y avanzar por él. Cuando te salgas del camino, como a mí me sucedió, pregúntate qué pasó, por qué pasó y qué necesitas para continuar tu travesía con fe y propósito.

38.
Una nueva perspectiva ante el temor

Después dijo a sus discípulos: "Por eso
les digo: no se inquieten por la vida,
pensando qué van a comer, ni por el cuerpo,
pensando con qué se van a vestir.
Porque la vida vale más que la comida,
y el cuerpo más que el vestido. Fíjense
en los cuervos, no siembran ni cosechan,
no tienen despensa ni granero;
y Dios los alimenta. ¡Cuánto más valen
ustedes que los pájaros! ¿Y quién de ustedes,
por mucho que se inquiete, puede añadir
un instante al tiempo de su vida?
Si aun las cosas más pequeñas superan
sus fuerzas, ¿por qué se inquietan por las otras?
Fíjense en los lirios: no hilan ni tejen;
sin embargo, les aseguro que ni Salomón,
en el esplendor de su gloria,
se vistió como uno de ellos. Si Dios
viste así a la hierba, que hoy está en el campo
y mañana es echada al fuego,
¡cuánto más hará por ustedes, hombres
de poca fe!
LUCAS 12: 22-28

Una de las lecciones que aprendí es mantener las cosas en perspectiva, incluso en medio de una crisis personal. El miedo engendra más miedo, y la preocupación más preocupación. No puedes detener los sentimientos de pesar, remordimiento, culpabilidad, enojo y temor que te apresan durante tiempos difíciles, pero sí reconocerlos como respuestas emocionales y para que no dicten tus acciones.

Mantener la perspectiva requiere madurez, y ésta llega con la experiencia. Nunca estuve en una situación semejante, exhausto debido a mis viajes, y se me dificultó manejar esa crisis financiera de manera madura.

Mi padre, amigos y miembros de la familia más sabios me dijeron que pasaron por experiencias similares o peores y se habían recuperado. Mi tío Batta, en el negocio de bienes raíces y con propiedades en California, vivió altibajos y tuvo un déficit operativo de 50 mil dólares en su negocio, me dijo que esa deuda no dañaría mi patrimonio.

Sin embargo, aunque me encanta aprender de consejos y errores, durante mucho tiempo necesité de mis propios tropiezos antes de obtener sabiduría real. He resuelto ser mejor estudiante. Si tú y yo aprendemos una lección de cada persona, ¿cuánto más sabios seríamos? ¿Cuánto tiempo, esfuerzo y dinero nos ahorraríamos?

Cuando nuestros seres amados y amigos nos dan consejos, ¿por qué no escuchamos la lección y hacemos los ajustes necesarios? Sólo incrementa tu nivel de estrés arreglar las cosas ¡*en este instante*! Cierto, algunas crisis exigen acción inmediata, pero incluye un enfoque paso-a-paso, de un sólo día a la vez, para resolver problemas.

VIDA SIN LÍMITES

Un integrante de mi grupo de consejeros me preguntó: "Nick, ¿sabes cuál es la mejor manera de comerte un elefante entero? Dando un bocado a la vez." ¡Recuerda esto cuando emprendas algo que parece abrumador!

39.
Fe brillante

Ustedes son la luz del mundo. Una ciudad en lo alto
de una colina no puede esconderse. Ni se
enciende una lámpara para cubrirla con un cajón. Por
el contrario, se pone en la repisa para que alumbre
a todos en la casa. Hagan brillar su luz
delante de todos, para que ellos puedan ver sus buenas obras
y alaben al Padre que está en el cielo.
MATEO 5: 14-16

Aunque no siempre seamos fieles a Dios, él siempre es fiel a
nosotros. Yo no había puesto mi fe en acción, de modo consciente, todos y cada uno de mis días. Decidí no sólo rezar, sino
ir hacia adelante con perspectiva, paciencia, humildad, valentía
y seguridad cada día, al saber que Dios es fuerte donde yo soy
débil y que él proporcionará lo que me falte.

La fe, ya sea en sí mismo y en su propósito o en su Creador,
es un faro poderoso, pero deja que tu luz brille. No permitas
que se apague por negligencia. A veces sentirás que tienes fe,
pero no aprecias ninguna luz. Me di cuenta de que mi fe debía
brillar: desde una perspectiva distinta, se volvió un coche con
la transmisión puesta en neutral. Estaba ahí, pero no se involu-
craba. Tener fe en ti y tus habilidades es básico, pero requiere
paciencia y humildad, entender que no puedes hacer nada sin
ayuda de los demás. Sobre todo, al final, todo el crédito le corresponde a Dios.

Nada decae más rápido que vivir sin propósito o perder de
vista lo apasionante, el regalo que da alegría y da sentido a tu
vida. Yo perdí de vista mi propósito de inspirar a los demás al

propagar el mensaje de fe. Intenté demasiadas cosas en mi negocio y mi organización de caridad. Cuando me alejé de mi propósito, pareció que alguien hubiera desenchufado el cable de mi fuente de poder.

Si caes en el pesar te quedarás sin energía y fe, pregúntate: *¿Qué me importa más? ¿Qué me trae alegría? ¿Qué me motiva y da sentido a mi vida? ¿Cómo puedo regresar a eso?*

Tú y yo estamos en este mundo para algo más grande que atender nuestros propios intereses. Cuando nuestra atención se centra en nosotros y no en Dios, perdemos nuestra mayor fuente de poder. Los talentos otorgados por Dios deben beneficiar a otros. Cuando los utilizamos para ese propósito más elevado, ponemos la fe en acción y cumplimos Su plan para nosotros. Marcamos una diferencia en este mundo que nos ayuda a prepararnos para el siguiente.

VIDA SIN LÍMITES

Dios no te ama porque tú seas exitoso en la escuela o el trabajo. No te ama por realizar alguna tarea mejor que otra persona. Dios te ama porque Él te creó, te ama porque tú eres tú.

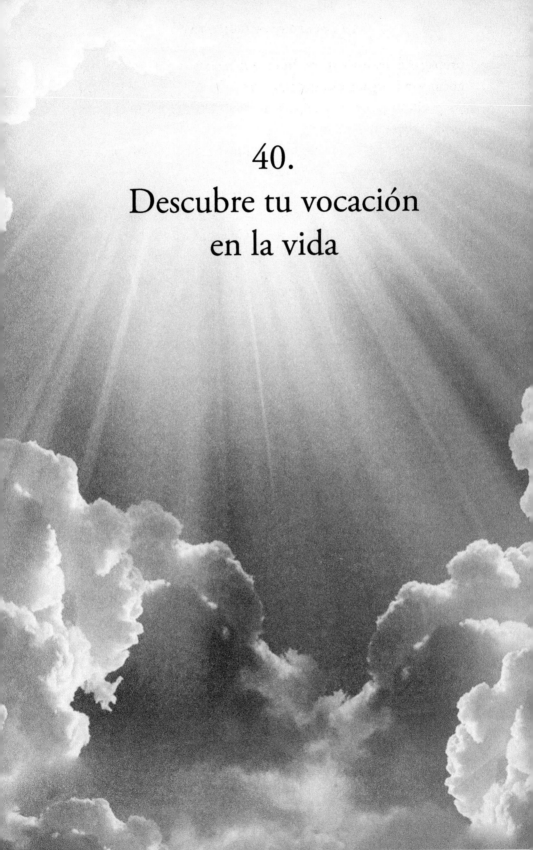

40.
Descubre tu vocación
en la vida

Confía en el SEÑOR, y haz el bien;
Habita en la tierra y cultiva la fidelidad.
Pon tu delicia en el SEÑOR,
Y Él te dará las peticiones de tu corazón.
Encomienda al Señor tu camino,
confía en Él,
que Él actuará.
Hará resplandecer tu justicia
como la luz,
y tu derecho como el mediodía.
SALMO 37: 3-6

En una etapa temprana de mi vida, cuando mis padres intentaban mirar hacia el futuro y pensar qué podría tener, mi padre, un contador, sugirió que me adentrara en su misma profesión: "Eres bueno con los números, y puedes contratar personas que sean tus brazos y piernas", dijo mi padre.

Hacer cálculos con números me divierte. No puedo usar los dedos de manos y pies, pero gracias a la tecnología moderna y a mi pequeño pie utilizo calculadora y computadora con facilidad. Así que me apegué al plan paterno y estudié planeación financiera y contaduría. Ayudar a las personas a tomar buenas decisiones monetarias, crear riqueza para ellas y desarrollar planes estratégicos de subsistencia, resultaron actividades atractivas. También disfruté haciendo tratos en el mercado de valores, donde he tenido experiencias buenas y malas.

Trabajar como planeador financiero me pareció una buena manera de servir a los demás, mantenerme a mí mismo y, después, a mi familia. Sin embargo, nunca me sentí plenamente comprometido con ese plan. Siempre tuve la sensación de que Dios me llamaba por un camino diferente. Empecé a dar pláticas sobre mis discapacidades ante compañeros de secundaria. Respondían ante mis palabras. Los conmoví y Dios encendió la pasión que había depositado en mí.

Al paso del tiempo, hablé más y más sobre mi fe. La evangelización y la inspiración se volvieron mis grandes pasiones. Al hablar de mi amor por Dios y de las bendiciones en mi vida, incluyendo mis discapacidades y la fuerza que me brindaron, sirvo a los demás. Le ha dado el propósito a mi vida que Dios creó para mí.

Esto es un gran regalo. Muchas personas luchan por encontrar sentido y dirección en sus vidas. Cuestionan su valor porque no tienen claro cómo dejar huella. Quizá tú no identifiques dónde residen tus talentos e intereses. No es extraño probar una cosa u otra antes de hallar la verdadera vocación de tu vida. Cambiar de rumbo varias veces cada vez es más común.

Te animo a identificar qué te llena, qué involucra todos tus talentos y tu energía. Sigue ese camino, no por tu propia gloria o enriquecimiento, sino para honrar a Dios y hacer una contribución. Sé paciente si tardas en encontrar tu camino.

VIDA SIN LÍMITES

Los tiempos son importantes cuando tienes una pasión sincera en tu corazón, pues no se borrará. Entiende que incluso las pasiones conllevan riesgos. Recuerda también que si una pasión termina, quizá Dios tiene en mente algo más grande y mejor para ti.

41.
Una búsqueda apasionada

Mientras sea de día, llevemos a cabo la obra del
que me envió. Viene la noche, cuando
nadie puede trabajar.

JUAN 9: 4, NVI

Victor Marx, de la Marina de Estados Unidos, es un experto en artes marciales con cinta negra de séptimo grado en autodefensa Keichu-Do, que incluye karate, judo, jiujitsu, boxeo, lucha libre estadounidense y pelea callejera. Ha entrenado a más de 30 campeones mundiales en artes marciales, así como a personas dentro del equipo especial SEAL de la Marina, incorporado a las fuerzas espaciales de infantería del Ejército que se conocen como Army Rangers, así como de la Fuerza Delta.

Tras verlo, te sorprenderías que durante un tiempo se sintió como mercancía dañada. Me dijo que él y yo tenemos mucho en común, excepto porque los retos de mi discapacidad son muy visibles mientras los de él están ocultos en su mente y su espíritu.

De niño, Victor nunca conoció a su padre, traficante de drogas y proxeneta. Pensaba que su primer padrastro era su padre. Su madre se divorció y se casó en seis ocasiones. Él y sus hermanos crecieron en un hogar disfuncional.

Victor sufrió una crueldad inimaginable. Un padrastro lo torturó, mantuvo su cabeza bajo el agua y le puso una pistola en la cabeza. Fue víctima de abuso sexual y físico entre los tres y los siete años. Una vez fue agredido sexualmente y lo dieron por muerto en un refrigerador comercial bajo llave.

Tanto daño había padecido Victor, que no pudo manejar su dolor. Fue a terapia y sus doctores le diagnosticaron estrés postraumático, común en víctimas de abuso infantil. Un psiquiatra le dijo que su cerebro sufrió desorden debido a los horrores que había pasado, de modo que su mente no procesaba pensamientos de manera normal y jamás lo haría.

Con el tratamiento profesional para su desorden postraumático, la poderosa fe de Victor lo ayudó a enfrentar los recuerdos y el trauma que desataban. Al paso del tiempo, compartió la historia de su niñez y su camino hacia la fe. Descubrió un público receptivo entre gente joven con problemas, incluyendo delincuentes, reclusos en reformatorios, niños en hogares temporales y grupos bajo tratamiento por drogas.

"Había vivido con tanta negación, que ni siquiera comprendí que tenía una historia, y debía contarla", dijo. Pero descubrió que los jóvenes con problemas se identificaban con su historia porque muchos sufrieron abuso físico y sexual de niños.

Para su sorpresa, muchas iglesias solicitaron que hablara ante sus congregaciones y compartiera su redención. Su historia es un testimonio del poder de la fe, gracias a que superó una niñez trágica y a su pasión por servir a jóvenes con problemas.

Una vez que compartió su historia, a Victor le faltaba tiempo para cumplir con todas las solicitudes de dar pláticas. Y donativos no solicitados llegaron por correo. En 2003, él y su esposa formaron una organización evangelizadora sin fines de lucro, All Things Possible (Todas las Cosas Posibles), y dos años después recibieron 250 mil dólares de una pareja que escuchó acerca de su trabajo y deseaba apoyarlos.

"Nos preocupaba no mantenernos con ese trabajo, pero sucedieron cosas increíbles desde que nos comprometimos con esto y pusimos nuestra fe en Dios."

VIDA SIN LÍMITES

Hay muchas maneras de contribuir y a la vez seguir tu pasión. Tu talento, educación y experiencia pueden adecuarse a los negocios, el servicio público, las artes, los oficios, el evangelismo u otros campos. Lo importante es reconocer lo que Dios puso en ti y construir tu vida con base en esos talentos y pasiones, incluso si no entiendes del todo hacia dónde te llevarán.

42.
¡Dios paga por lo que ordenas!

El Dios que da la paz levantó de entre los muertos
al gran Pastor de las ovejas, a nuestro Señor Jesús,
por la sangre del pacto eterno. Que él los capacite en todo lo
bueno para hacer su voluntad. Y que, por medio de Jesucristo,
Dios cumpla en nosotros lo que le agrada.
A Él sea la gloria por los siglos de los siglos. Amén.
HEBREOS 13: 20-21, NVI

Sabrás que has encontrado una pasión cuando tus talentos, conocimientos, energía, enfoque y compromiso te emocionen tanto como cuando eras niño y disfrutabas tu juego favorito. Tu trabajo y tu placer son lo mismo. Lo que haces es parte tuya.

Tu pasión te guía hacia tu propósito y ambos se activan al compartir sus regalos con el mundo. Tú fuiste hecho a la medida de tu propósito, tal como yo para el mío. Cada parte de ti (desde tus fuerzas mentales, físicas y espirituales, hasta su combinación única de talentos y experiencias) está diseñada para cumplir ese regalo.

Si no has encontrado el trabajo que Dios pretende de ti, pregúntate lo siguiente: ¿Qué te motiva? ¿Qué hace que cada día te emocione? ¿Qué harías gratis por el simple placer de hacerlo? ¿De qué actividad jamás te jubilarías? ¿Hay algo a lo que tu renunciarías a cambio de otra cosa, algo por lo cual dejarías todas tus pertenencias materiales y tus comodidades — simplemente por hacerlo, porque te sientes bien cuando lo haces? ¿Qué deseas lograr con urgencia?

Si eso no te ayuda a identificar una pasión, pide a las personas más cercanas una evaluación y sugerencias.

Por último, antes de decidir cuál será tu pasión, consúltalo con la máxima autoridad en ese tema. Busca el amor de Dios y conócelo como a un amigo y disfruta Su presencia. Reza por orientación y medita sobre Su Palabra. También, pide a otros que recen por ti.

Te aseguro, Dios paga por lo que ordenas. No te pediría que lo sirvieras sin proporcionarte todo lo necesario para encontrar tu pasión y tu propósito. Al principio, quizá no comprendas tu vocación y te falte pasión en ese campo.

Mi padre fue llamado para empezar una iglesia, mas no tenía interés en ello. Sin embargo, honró a Dios e hizo lo que se le había solicitado. Estoy seguro de que Noé también dudó cuando Dios le ordenó construir una enorme arca, pero no dijo nada. Sólo la construyó. Obedecer la orden fue una decisión sabia.

VIDA SIN LÍMITES

Cuando Dios te pida hacer algo, quizá tú no lo entiendas o no sientas entusiasmo, pero siempre debes sentir pasión por Él: tú harás cualquier cosa por Él.

43.
Líderes al servicio
de los demás

Digo, pues, por la gracia que me es dada, a
cada cual que está entre nosotros, que no tenga
más alto concepto de sí que el que debe tener,
sino que piense de sí con cordura,
conforme a la medida de fe que Dios repartió a cada uno.
Porque de la manera que en un cuerpo
tenemos muchos miembros, pero no todos
los miembros tienen la misma función, así nosotros, siendo
muchos, somos un cuerpo en Cristo, y todos miembros
los unos de los otros.
ROMANOS 12: 3-5

Puedes sembrar buenas semillas, sin importar cómo sea tu vida ni cuáles tus circunstancias. Ya seas fundador de una enorme organización de caridad, líder de una nación, pastor en un estacionamiento para atender a personas sin hogar o voluntario en tu iglesia, tu labor piadosa como líder y servidor se magnifica gracias a todas las vidas que beneficias.

Todos los líderes y servidores a quienes he conocido durante mis viajes comparten características y actitudes que deberíamos adoptar y emular. Antes que nada, son increíblemente humildes y desinteresados. Muchos dieron sus vidas enteras al servicio de los demás, y no les importa nada el reconocimiento. En vez de pararse al frente, la mayoría preferiría estar al fondo de la sala para dirigir a sus voluntarios y animar a quienes dan servicio. Prefieren dar crédito en lugar de recibirlo.

Los líderes que a la vez sirven a los demás son excelentes para escuchar y sienten empatía. Escuchan para entender las necesidades y usan empatía para percibir las necesidades no expresadas. Por lo general, la gente no debe acercarse para pedirles ayuda, porque ya han descubierto lo que necesitan. Los líderes al servicio de los demás operan con este pensamiento en su mente: *Si yo estuviera en la situación de esta persona, ¿qué me reconfortaría? ¿Qué me haría más fuerte? ¿Qué me ayudaría a sobreponerme a mis circunstancias?*

Realmente logran sanar. Proporcionan soluciones mientras otros reflexionan sobre los problemas. Por ejemplo, estoy seguro de que muchas personas buenas vieron el sufrimiento y la enfermedad de la gente en países del tercer mundo y pensaron: ¿cómo sería posible construir suficientes hospitales en esas zonas remotas y pobres para atender a todos los necesitados? Don y Deyon Stephens vieron más allá de este problema y se les ocurrió una solución ingeniosa: convertir barcos para cruceros en hospitales flotantes y como personal a voluntarios que viajen a donde sea necesario. Así fue que empezó el Mercy Ship Ministry, un ministerio de barcos de misericordia.

Los líderes que sirven a los demás construyen puentes, dejan a un lado estrechos intereses personales, canalizan el poder de muchos para beneficiar a todos. Creen en la abundancia, en que hay suficientes recompensas para todos cuando se comparten metas y éxitos. Aunque algunos líderes creen en dividir y vencer, quienes sirven a los demás creen en construir una comunidad de gente con un propósito común.

VIDA SIN LÍMITES

Cuando sirves a los demás, tu propio corazón sana. Te animo a sembrar buenas semillas al servir a los demás. Puedes descubrir que la vida que transformas es la tuya.

44.
Ayudar a los otros

En fin, vivan en armonía los unos con los otros; compartan
penas y alegrías, practiquen el amor fraternal,
sean compasivos y humildes. No devuelvan mal por mal
ni insulto por insulto; más bien, bendigan,
porque para esto fueron llamados,
para heredar una bendición.
1 PEDRO 3: 8-9

Leon Birdd iba manejando por una zona rural de Dallas en 1995 cuando vio a un hombre de unos 40 años que caminaba con gran dificultad a un lado de la carretera. Leon no tenía intenciones de recoger al extraño, pues pensó que podría estar ebrio. Pero sintió que el Espíritu Santo le hablaba a su corazón, así que regresó a donde estaba el hombre para ofrecerle un aventón.

"¿Está usted bien? Le daré un aventón", dijo Leon.

"No estoy borracho", respondió el hombre de manera hosca.

Robert Shumake decía la verdad. Caminaba con dificultad tras varias cirugías del cerebro que afectaron su movilidad, pero no sus esfuerzos por ayudar a los necesitados. Cada sábado por la mañana, desde hacía años, Robert, el de la voz hosca, llevaba donas y café a personas sin hogar en el centro de Dallas.

"¿Cómo hace usted eso, si apenas puede caminar?", preguntó Leon.

"La gente me ayuda, y ahora usted me ayudará", dijo.

"No lo creo. ¿Usted a qué horas hace esto?", preguntó Leon.

"A las 5:30 de la mañana."

"Yo no voy a llevarlo en el coche, y menos a esa hora", dijo Leon. "Ni siquiera el Señor está despierto a las 5:30 de la mañana."

Robert no aceptaría una respuesta negativa. Le dijo a Leon dónde recogerlo. "Usted estará ahí", le dijo.

"No cuente con eso", respondió Leon.

Al sábado siguiente, Leon se levantó a las cinco de la mañana pensando que Robert lo estaría esperando en alguna calle peligrosa de la ciudad. Una vez más, parecía que el Espíritu Santo estaba trabajando por medio de él.

Antes de que saliera el sol, encontró a Robert parado en una esquina con un termo lleno de cinco galones de café caliente. Robert le pidió a Leon llevarlo en el coche hasta una tienda donde se abastecieron de donas. Luego se aventuraron hacia un área peligrosa en el centro de Dallas. Las calles estaban vacías. "Sólo espere", le dijo a Leon.

Con el gran termo de café humeante en la banqueta, esperaron. Conforme el sol se elevó en el cielo, hombres y mujeres sin hogar aparecieron uno a uno. Casi 50 de ellos se juntaron para conseguir el café y las donas de Robert.

Aunque hablaba con brusquedad, a quienes servía daban la bienvenida al café caliente y las donas. Leon, quien le había dado su vida a Cristo un par de años atrás, vio que Robert sembraba buenas semillas y necesitaba ayuda. Así que después lo ayudó cada sábado por la mañana.

En los meses siguientes, la salud de Robert empeoró.

"Robert, ¿qué pasará cuando ya no puedas hacer esto?", preguntó Leon un día.

"Lo seguirás haciendo tú", dijo Robert.

"No, necesitas conseguir a alguien más", insistió Leon.

"Tú lo harás," dijo Robert de nuevo.

Robert tenía razón. Leon se convirtió en el Pastor Birdd, ministro con licencia al frente de una misión en un área marginada, con el apoyo de nueve iglesias locales y otros donadores.

Aunque Robert murió en 2009, sus semillas crecieron gracias al Pastor Birdd y su esposa, Jennifer. Hoy, esas reuniones en una esquina para repartir café y donas ya son servicios religiosos completos al aire libre, con música y celebraciones de la fe. Ahora, cada domingo por la mañana, más de 50 voluntarios se unen al Pastor Birdd para alimentar los cuerpos y atender las almas de cientos de personas sin hogar en un estacionamiento del centro de Dallas.

VIDA SIN LÍMITES

Cada individuo que conoce a Dios entiende que toda la gente necesita apoyo y ánimo, aunque sólo sea una palabra bondadosa o una sonrisa para acompañar una dona y un café caliente.

45.
La sabiduría de
un modelo a seguir

No que lo haya alcanzado
o haya llegado a ser perfecto, sino que sigo adelante,
a fin de alcanzar aquello para lo cual
también fui alcanzado por Cristo.
Hermanos, yo mismo no considero haberlo alcanzado;
pero una cosa hago: olvidando lo que queda atrás y viendo
lo que está delante, prosigo hacia la meta, hacia Jesús. Voy
corriendo y no hay marcha atrás.
Así que sigamos concentrados en la misma meta
quienes deseamos todo lo que Dios tiene para nosotros.
Si en algo tienen una actitud distinta, algo menos que
compromiso total, eso también nos lo revelará Dios; ¡usted
lo verá! Continuemos viviendo según la norma alcanzada.
FILIPENSES 3:12-16, El mensaje

Durante mucho tiempo, uno de mis modelos, a quien siempre quise conocer, fue el evangelista Billy Graham. En 2011, por invitación de su hija, Anne Graham Lotz, tuve la oportunidad de hacerlo. Mi esposa Kanae y yo consideramos un honor conocer al Reverendo Graham en su casa, ubicada en una montaña de Carolina del Norte.

Los problemas de salud limitaron sus apariciones en público durante los últimos años, pero el evangelista de 92 años de edad tenía mucho peso como figura internacional. Anne, quien estuvo con nosotros ese día, nos advirtió que su padre padeció neumonía y otras enfermedades. Dijo que se cansaba con facilidad y aunque lucía frágil, su voz era fuerte y muy conocida para quien lo hubiera oído hablar muchas veces.

"Cuando Anne me dijo que vendrían, me emocionó mucho, pues he estado escuchando acerca de su ministerio", dijo. "El Señor me despertó a las tres de la mañana hoy para rezar por nuestro encuentro."

El Reverendo Graham afirmó que me consideraba parte de la siguiente generación, un heredero suyo, y quería prepararme con palabras de sabiduría y ánimo. Me dijo que estábamos en una época emocionante y que, sin importar las adversidades, nuestro trabajo era predicar la palabra de Jesucristo.

Fue una reunión maravillosa. Hablar con él fue como hacerlo con alguna figura del Antiguo Testamento, Abraham o Moisés, porque el Reverendo Graham había sido una figura importante en nuestras vidas espirituales durante mucho tiempo.

Nos inspiró profundamente por su compasión. Con humildad, reflexionó sobre su vida mientras mordisqueaba galletas de chispas de chocolate. Dijo que sus únicos motivos de arrepentimiento eran no haber memorizado más escritura y, como testamento de su fe, ¡el Reverendo Graham dijo que debió pasar más tiempo a los pies de Jesús, diciéndole cuánto lo ama!

Estoy seguro de que el Reverendo Graham ha olvidado mucha más escritura de la que cualquiera de nosotros pudiéramos memorizar, y estoy igualmente convencido de que expresó su amor por nuestro Señor muchas más veces que la mayoría. Sin embargo, este evangelista legendario, quien también mencionó que hubiera querido pasar más tiempo con su familia, desearía haber hecho incluso más para mostrar su fe y su amor por Dios.

VIDA SIN LÍMITES

¿Estás atorado con los retos diarios de ganarte la vida, sobreponerte a los obstáculos, hacer frente a las circunstancias o simplemente sobrevivir, por lo cual has sido negligente con tus relaciones, tu crecimiento espiritual, un entendimiento más profundo del mundo o tu salud?

46.
Vivir en equilibrio

Cuán bienaventurados son los de camino perfecto,
los que andan en la ley de DIOS.
¡Cuán bienaventurados son los que guardan sus testimonios,
y con todo el corazón lo buscan!
No cometen iniquidad, sino que andan en sus caminos.
Tú, DIOS, has ordenado tus preceptos,
para que los guardemos con diligencia.
¡Ojalá mis caminos sean afirmados
para guardar tus estatutos; entonces no seré avergonzado,
al considerar todos tus mandamientos.
Con rectitud de corazón te daré gracias,
al aprender tus justos juicios.
Tus estatutos guardaré;
no me dejes en completo desamparo.
SALMO 119: 1-8 El mensaje

Escuchar al Reverendo Graham reflexionar sobre su larga e ilustre carrera como evangelista me lleva a pensar lo que deseo recordar cuando llegue a un punto similar en mi vida.

Tú y yo no debemos pensar que la felicidad llegará *algún* día, cuando alcancemos *alguna* meta o adquiramos *alguna* cosa. La felicidad estará disponible para ti a cada momento, y la manera de acceder a ella es vivir en equilibrio espiritual, mental, emocional y físico.

Para determinar tu equilibrio mira hacia el final de tu existencia y vive de tal manera que no te arrepientas de nada cuando llegue allá. La idea es crear una imagen clara de la persona que deseas ser conforme envejezcas y de la huella que dejarás, para que cada paso de tu camino te acerque al sitio donde quieres acabar.

Si creas en tu imaginación la vida que deseas vivir, entonces es posible crearla cada minuto, cada hora, cada día. Algunos recomiendan pensar en tu propio funeral y reflexionar sobre lo que deseas que tu familia y amigos digan sobre ti, tu carácter, tus logros y tu manera de influir en sus vidas. Quizá esto te funcione, pero a mí no me gusta dejar atrás a mis seres queridos, ni siquiera si estaré con Dios en el cielo.

En vez de eso, me pongo en el lugar del Reverendo Graham cuando nos reunimos en su cabaña. Ahí estaba un gran hombre que se acercaba al final de una vida asombrosa y llena de fe, durante la cual trabajó tanto por el Señor, y aun así tenía arrepentimientos. Quizá sea inevitable. Pocos logran una vida de pleno equilibrio, pero pienso que vale la pena intentarlo, ¿no crees?

VIDA SIN LÍMITES

No deseo ningún arrepentimiento, lo cual quizá no sea posible, pero voy a hacer mi mejor esfuerzo. Así que reajusté el medidor de la vida de Nick y lo programé para que dijera *equilibrio*. Quizá tú puedas tomarte un momento para hacer lo mismo si consideras que todos necesitamos hacer una pausa de vez en cuando y examinar dónde estuvimos, dónde estamos ahora, a dónde queremos ir y cómo convertirnos en una persona recordada por hacer una diferencia positiva en el mundo.

47.
"Discapacitado y apoyado por Dios"

No temas, porque yo estoy contigo;
no desmayes, porque yo soy tu Dios
que te fortalece;
sí, te ayudaré,
te sustentaré con la diestra de mi justicia.
ISAÍAS 41:10

Cuando me preguntan cómo aseguro tener una vida buena sin brazos ni piernas, quienes lo hacen dan por hecho que sufro por lo que no tengo. Inspeccionan mi cuerpo y se preguntan cómo doy mi vida a Dios, quien permitió que naciera sin extremidades. Otros intentan reconfortarme diciendo que Dios tiene todas las respuestas y en el cielo descubriré sus intenciones. En lugar de eso, vivo de acuerdo con la Biblia y creo en lo que dice: Dios es la respuesta hoy, ayer y siempre.

Cuando la gente lee acerca de mi vida o atestigua cómo vivo, me felicita por triunfar sobre mis discapacidades. Les digo que mi triunfo sucedió al rendirme. Llega cada día al reconocer que no puedo actuar solo, así que le digo a Dios: "¡Te lo entrego!" Una vez rendido, el Señor tomó mi dolor y lo convirtió en algo bueno que me trajo felicidad auténtica.

¿Qué fue ese "algo bueno"? Para mí, el propósito y el significado. Mi vida importaba. Cuando no encontraba significado y propósito para mi vida, abandoné la necesidad de hacerlo y Dios intervino. Le dio sentido a mi vida cuando nada ni nadie me lo pudo proporcionar.

He aquí otra manera de entender lo que sucede cada día en mi vida. Agrega *y apoyado por Dios* después de *discapacitado* y, con un poco de creatividad, leerás la expresión *"discapacitado y apoyado por Dios."* Ahí lo tienes. Quizá esté *discapacitado*, pero Dios me *apoya*. Él hace que todas las cosas sean posibles. Donde yo soy débil, Él es fuerte. Donde tengo limitaciones, Él no tiene ninguna. Así que mi vida sin límites es el resultado de rendirme ante Él y cederle todos mis planes, sueños y deseos. No renuncio, pero cedo. Renuncio a todos mis planes para que Él pueda mostrarme su camino para mí.

Si tú has sucumbido ante la fe en Dios y la vida te sigue mandando obstáculos, busca Su gracia y di: "Si es Tu voluntad que yo cumpla este sueño, ayúdame." Creo que el camino de Dios nos lleva a alcanzar nuestro más grande potencial.

Mi consejo es averiguar todo lo que puedas y dejar el resultado en manos de Su sabiduría. Con el paso del tiempo, se resolverá el rompecabezas. Como dice la Biblia: "Profunda es su sabiduría, vasto su poder" (Job 9:4, NVI).

VIDA SIN LÍMITES

Quizá tú te prepares para entrar en acción y te pares en una orilla, pero te sientes paralizado por el temor pues no estás seguro de lograrlo. Prueba ponerlo en manos de Él. ¿Qué necesitas para confiar esto a Dios? Te animo a calcular el costo de lo que tu vida sería sin Él, sin que el Señor estuviera en todas tus decisiones. Cree hoy en Sus promesas para ti. Permite que Él sea tu alegría y tu satisfacción. Pídele a Dios que defina el propósito de tu vida y para tu vida. Pídele la fe que necesitas para ello.

48.
Entregarse por completo

El SEÑOR es mi fuerza y mi cántico;
y ÉL es mi salvación;
Él es mi Dios, y lo alabaré;
es el Dios de mi padre, y lo enalteceré.

ÉXODO 15: 2

Tú y yo queremos respuestas ahora, pero confiemos en que Dios tiene Tu propio cronograma. Si mantenemos la fe y buscamos entender, Su plan se nos revelará cuando estemos listos para la respuesta. El propósito de un niño nacido sin brazos ni piernas era un misterio que me fue revelado lentamente, conforme creció mi fe. Como muchas veces he comentado, una clave para mí fue leer en la Biblia acerca del hombre que nació ciego (Juan 9-13). Jesús realiza un milagro para sanarlo y explica que Su propósito era utilizar a ese hombre para mostrar la gloria de Dios. Esta escritura contribuyó para darme cuenta de que Dios tenía un propósito para mí. Quizá, al igual que el hombre que nació sin vista, yo había sido creado sin brazos ni piernas para que Dios enviara un mensaje o, de alguna manera, trabajara a través de mí.

Conforme aumentó mi entendimiento de los caminos de Dios y las oportunidades de la vida, Él me puso en su camino y me abrió los ojos ante mi propósito.

Creo que cuando tú cedes tu vida por completo, con total confianza y paciencia, te llega otra gran recompensa: la fuerza de Dios. Desde los 18 años recorro el mundo y con frecuencia visito 20 o más países cada año. No estoy volando en aviones privados. Los lugares a los que voy a menudo resultan peligrosos, se dificulta llegar a ellos y no son sanos porque hay enfermedades, agua no purificada y carecen de cuidados médicos modernos. Sin embargo, Dios me mantiene sano y me da fuerza para llevar Su mensaje a millones de personas.

He llegado a entender que ceder trae fuerza.

A ti y a mí quizá nos agrade pensar que controlamos nuestras vidas, nuestro ir y venir, pero cuando comprometemos nuestras vidas por Él, Dios controla cada minuto de cada día. Nuestro Padre celestial con frecuencia anula mis planes trazados con esmero al revelar Sus propios caminos profundos e inescrutables, y eso siempre es un honor. En cada ocasión me maravillo ante la belleza y la sabiduría del plan divino de Dios. A veces me imagino cómo fueron un discípulo o un apóstol y un testigo de Dios, mientras trabajaba para Jesús en la tierra conforme se movía de modo indescifrable. Casi puedo visualizar a Sus seguidores cuando regresaban con sus propios congregantes, dispersos por todo el Imperio Romano. Con seguridad reportaban: "¡No van a creer lo que hizo Dios!"

VIDA SIN LÍMITES

El poder de Jesús está aquí. Cuando tú actúas desde tu fe y cedes todo a Él, no podrás creer lo que Dios hará por ti. Te prometo que descubrirás una vida emocionante al ponerte en sus manos. Mira hacia adelante, rumbo a una vida de fe y confía en que Cristo nos utiliza conforme cedemos ante sus propósitos llenos de esperanza para nosotros. Permite que su amor, que limpia, fluya libremente y con su máxima fuerza a lo largo de tu vida. Como nos dice el salmo: "Prueben y vean que el SEÑOR es bueno" (34: 8).

49.
Amado por Dios

Porque tanto amó Dios al mundo, que dio a su Hijo
unigénito,
para que todo el que cree en Él no se pierda,
sino que tenga vida eterna. Dios no envió a su Hijo al mundo
para condenar al mundo, sino para
salvarlo por medio de él.
Juan 3: 16-17

Dios ve la belleza y el valor en todos sus hijos. Por su amor estamos aquí. Tú fuiste creado con un propósito, y a lo largo del tiempo se te revelará. Sabe que donde tú te sientas débil, Dios te dará fuerza. Sólo acércate a quienes te aman, desean ayudarte y, sobre todo, a tu Creador, al pedirle que entre en tu vida.

Dios tiene un plan para ti. Se conoce como salvación, y vale la pena ver qué te tiene reservado en este mundo y en el cielo eterno.

Un problema es que mucha gente no confía en que nuestro Dios es un Dios amoroso. De algún lado sacó la idea de Dios como gobernante vengativo, listo para atacar a cualquiera que no siga sus mandamientos. Si cometieron errores o no llevaron una vida perfecta —sin importar lo que eso sea— sienten que nunca serán dignos del amor de Dios. ¡Eso no es cierto! Nuestro padre amoroso siempre está listo para perdonarte y darte la bienvenida a sus brazos.

La Biblia dice que debemos temer a Dios, pero eso no significa que debamos inclinarnos con terror u ocultarnos de su furia. Más bien, es un llamado para que lo tratemos con respeto y obediencia al tiempo de reconocer su grandeza. La Biblia también dice: "Dios es amor" (1 Juan 4: 8). Nunca debemos olvidar que nos ama tanto que mandó a su Hijo desde el cielo para morir en la cruz. Así que, aunque respetemos a Dios, recordemos siempre que Él también nos ama.

Él espera que le permitas sanarte. No físicamente; Él sólo sanará tu corazón. Te dará paz, amor y alegría. Él escucha tus oraciones, así que sigue rezando. Recuerda que quizá no las conteste como quisieras o en el momento que tú deseas, pero su gracia siempre es suficiente.

Cuando las cosas en tu vida no tengan sentido, continúa rezando. Pregúntale a Dios qué quiere que hagas, y deja que te sane por dentro. Él entiende que tú y yo no somos perfectos, sino obras inacabadas, pero siempre dejemos que Él trabaje dentro de nosotros.

Tu paz llegará con el perdón y el amor de Dios. ¿Alguien ha dicho que tú no mereces su amor? ¡Mi primera sugerencia es conseguir una segunda opinión! Pídele a tu Padre celestial que revele su bondad y amor por ti. Toma fuerza de mi historia si te sirve, pero si eres paciente, escaparás de tu pesar y encontrarás esperanza.

VIDA SIN LÍMITES

Quizá se te dificulte entender cómo Él puede amarte Pero no importa qué hiciste en el pasado ni qué dolor hayas tolerado, Dios te sanará con su amor si tú lo aceptas. Confía en Dios para que, incluso si tus pesares permanecen, tu mente y tu corazón estén en paz mientras pasa esa mala temporada. De nuevo, toma las cosas día a día y superarás esos obstáculos.

50.
El milagro más grande

Si no hago las obras de mi Padre, no me crean.
Pero si las hago, aunque no me crean a mí,
crean mis obras, para que sepan
y entiendan que el
Padre está en mí, y que yo estoy en el Padre.
JUAN 10: 37-38 NVI

No aconsejo a nadie que pierda la esperanza de sanar o cambiar sus circunstancias. Los milagros *sí* pueden ocurrir. He visto muchos y la gente con frecuencia me comparte los suyos. John me mandó esta historia que inspira y es un testimonio de su fe en acción:

"Yo me hice una persona religiosa hace unos 10 años, cuando enfrenté la muerte. Pequeño aún, perdí mi pierna debido al cáncer y los médicos me dijeron que no viviría más allá de los cinco años.

Bueno, superé sus expectativas y el 6 de mayo cumplo 37. Pero no siempre ha sido fácil. El cáncer reincide tras varios años, y en mí regresó más fuerte que nunca. Mis doctores me dijeron que de no empezar un régimen riguroso de quimioterapia, moriría antes de un año.

De inmediato dije que quería morirme, estaba cansado de luchar. Este cáncer ha matado a mi madre, a dos hermanas y a tres hermanos, así que algún día también me atrapará. ¡Estaba listo para irme!

Hablé con mi pastor sobre esta decisión, y luego de rezar mucho inicié el régimen. Tenía programadas dos citas cada semana durante tres meses. Al empezar mi quinto tratamiento, hicieron exámenes de sangre y mandaron los resultados a mi doctor. Después, esa misma semana, me llamó a su consultorio. Al llegar, entró a la sala y vi que lloraba. ¡Me dijo que el cáncer había desaparecido! No había señal de él por ningún lado, como si jamás hubiera existido. Él estaba muy feliz, ¡pero no tanto como yo!

Sigo revisándome cada tres meses, y hasta ahora todo va bien. Sé que alguna vez podría regresar o que un camión podría atropellarme al regresar del trabajo. Lo cierto es que nunca sabemos cuándo terminará nuestro tiempo en esta tierra."

La historia de John y muchas otras son evidencia de que ocurren milagros. Por ello guardo un par de zapatos en mi clóset, en caso de que me llegue un milagro. Pero si no viene, de todas formas seré una luz que brilla en la tierra para los demás.

¿Dios te puede sanar? Sí, y tal vez sea su plan. O tal vez no. Es imposible saber, así que sigue el camino de la fe cada día, confiando en que Dios sabe lo que hace. No he recibido el milagro de brazos y piernas solicitado, pero experimento la alegría maravillosa, la paz y la confianza que surgen de la fe. Eso es más milagroso que una enfermedad curada. Después de todo, tú puedes no tener cáncer y ser infeliz, sin agradecer nada en la vida. Por medio de la fe, hoy tengo la alegría de ver vidas transformadas. ¡Esto es increíble! Tú puedes alegrarte de tener extremidades, pero todos los días me alegro de no tenerlas.

El milagro más grande es la transformación de dentro hacia fuera. El más grande propósito es conocer a Dios como un amigo y tener la bendición de ir a casa en el cielo, donde no te hallarán jamás el dolor, la enfermedad ni el pesar.

Me siento mal por quienes no creen en el cielo. Pensar que sólo tenemos una breve oportunidad de vivir es deprimente. Yo quiero vivir miles de millones de años y hasta la eternidad. Mientras esté en esta vida, intento provocar un impacto que dure también ese tiempo. No me importará cuánto dinero haya amasado o cuántos automóviles elegantes tenga. Lo que importará es que me he acercado a alguien y he cumplido un propósito más grande que el mío.

VIDA SIN LÍMITES

Todos nuestros nombres y números aparecen en el Libro de la vida. No sabemos cuándo decidirá Dios llevarnos a casa para estar con Él. Ámense los unos a los otros como si fuera su último día en esta tierra. Vivan la vida al máximo y den gracias por cada día que despiertan y respiran.

AGRADECIMIENTOS

Ante todo, doy gracias a Dios: Padre, Hijo y Espíritu Santo.

Las palabras no pueden expresar mi alegría de dar gracias a mi esposa, Kanae, por todo el amor, el cuidado, el apoyo y las oraciones que me da en abundancia. ¡Te amo, mi amor!

Me gustaría dar las gracias a mis padres, Boris y Dushka Vujicic, por ser pilares de apoyo tan fuertes a lo largo de mi vida. Gracias, mamá y papá. Mi hermano, Aaron, mi padrino de bodas: gracias a ti y a tu esposa, Michelle, por quererme y ayudarme a seguir centrado. Michelle, mi hermana: gracias por creer en mí y en mis sueños. A la nueva familia que ahora tengo, las familias Miyahara y Osuna; mi suegra, Esmeralda; mis nuevos hermanos, Keisuke, Kenzi y Abraham; y mi nueva hermana, Yoshie, gracias por amarme y aceptarme en su familia.

Gracias de nuevo a parientes y amigos que me apoyaron y animaron en cada paso dado: todos participaron, y se los agradezco. George Miksa: rezo por que el Señor te siga teniendo consigo, te guíe y te bendiga por ayudarme a crear la sede de Life Without Limbs en Estados Unidos.

Gracias a la mesa directiva de Life Without Limbs y sus familias: Batta Vujicic, David Price, Dan'l Markham, Don McMaster, Terry Moore y Jon Phelps. Gracias, también, al panel de consejeros de Life Without Limbs. Un agradecimiento muy grande para el personal fiel, trabajador y lleno de fe de Life Without Limbs. Sigan haciendo su excelente trabajo. Gracias a Ignatius Ho por dirigir nuestro grupo de Life Without Limbs en Hong Kong. Gracias a la Iglesia Católica Apostólica del Nazareno, especialmente la de Pasadena, por su apoyo. También, gracias al personal y al equipo de Attitude Is Altitude por respaldarme, orar por mí y creer junto conmigo.

Expreso un agradecimiento muy especial a Wes Smith y su esposa, Sarah, por su apoyo. Wes, no podría tener un mejor compañero para escribir. Estoy muy orgulloso de los dos libros que hemos escrito hasta ahora.

Gracias una vez más a mis agentes literarios, Jan Miller Rich y Nena Madonia de Dupree Miller & Associates, quienes han tenido fe en mí y en mi propósito desde el inicio. También doy mis más profundas gracias a mi casa editorial, WaterBrook Multnomah, una división de Random House, y a su excelente equipo, que incluye a Michael Palgon, Gary Jansen, Steve Cobb y Bruce Nygren, quienes me animan y apoyan.

Por último, aunque no son menos importantes, gracias a todas las personas que oran por mí, por mi esposa y nuestro ministerio, y a quienes nos brindan apoyo financiero. Un gran agradecimiento también por ayudarnos a lograr las metas de Life Without Limbs.

Dios bendiga a todos los que lean este libro. Rezo porque mis palabras abran sus corazones y mentes de una manera fresca y dinámica, y los lleven a actuar desde su fe, al tiempo que inspiren a otros a hacer lo mismo.